西北大学"双一流"建设项目资助
Sponsored by First-class Universities and Academic Programs of Northwest University

永远跟党走　青年乡村行

"百企千村万户"实践育人成果

吴振磊　杜　勇　主　编
徐自成　杨世攀　副主编

西北大学出版社
·西安·

图书在版编目（CIP）数据

永远跟党走 青年乡村行/吴振磊，杜勇主编．—西安：西北大学出版社，2023.11
（"百企千村万户"实践育人成果）
ISBN 978-7-5604-5265-4

Ⅰ．①永… Ⅱ．①吴… ②杜… Ⅲ．①大学生—社会实践—西安—文集 Ⅳ．①G642.45-53

中国国家版本馆 CIP 数据核字（2023）第 231633 号

永远跟党走 青年乡村行
YONGYUAN GENDANGZOU QINGNIAN XIANGCUNXING

主编　吴振磊　杜　勇

出版发行　西北大学出版社
（西北大学校内　邮编：710069　电话：029-88302621　88303593）
http://nwupress.nwu.edu.cn　E-mail: xdpress@nwu.edu.cn

经　　销	全国新华书店
印　　刷	西安华新彩印有限责任公司
开　　本	787 毫米×1092 毫米　1/16
印　　张	11.75
版　　次	2023 年 11 月第 1 版
印　　次	2023 年 11 月第 1 次印刷
字　　数	197 千字
书　　号	ISBN 978-7-5604-5265-4
定　　价	68.00 元

本版图书如有印装质量问题，请拨打 029-88302966 予以调换。

自 序

牢记"为党育人，为国育才"的初心和使命，培养出适应新时代发展要求的合格人才，是中国高等教育的崇高使命。西北大学经济管理学院是经济学和管理学人才培养的西部重镇，有着"经济学家摇篮"的美誉。进入新时代，为进一步提高人才培养质量，学院实施了"百企千村万户"实践育人项目，三年来，超过1500余名青年学生深入乡间田头、政府社区、企业工厂，在实践中锤炼真本领，在小地方做大学问，在基层体悟真道理。他们躬身实践，用脚步丈量山川大地，涵养家国情怀，砥砺奋斗品格，将青春融入祖国山河。

习近平总书记在全国学校思想政治理论课教师座谈会上强调："要把思政小课堂同社会大课堂结合起来，教育引导学生立鸿鹄志，做奋斗者。"国家高等教育改革和新文科新商科建设也明确提出，社会实践是人才培养和学科建设的重要内容，需要创造条件引导和帮助广大青年学生通过实践上好与现实紧密结合的"大思政课"和"现实中的专业课"。

长期以来，西北大学经济管理学院高度重视大学生社会实践教育，在"十四五"期间，把"百企千村万户"实践育人项目作为学院人才培养和学科建设的重点内容纳入规划。在此期间，经管学子将进入100家企业、1000个村、10000户家庭进行社会实践调研活动。让大学生们在社会生产的一线感知时代前行的脉搏，感受国家进步的力量，倾听人民对美好生活向往的心声。通过行走的课堂，力争培育出一批优秀的、具有影响力、高质量的学生实践成果，充分发挥实践育人成效，真正实现将论文写在祖国大地上的育人目标。

该项目实施以来，我们欣喜地看到，同学们聚焦国家重大战略需求，深入社区与田野乡间参与公共事务，踏入社会、融入群众，走访产业基地，助力乡村振兴；调研人民生活水平提升、村容村貌的改革、城市经济发展等，师生们一同在祖国的广袤大地上行思践悟写下属于自己的实践故事，打磨出一批有意义、有价值的实践报告、论文成果，让我们从字里行间更进一步感受到国家发展和社会进步。在此过程中，我们鼓励和引导社会实践育人项目与国家发展战略相结合，与教师科研项目相结合，与学科和专业特色相结合，与文化传承、精神文明建设相结合，与志愿公益服务社会相结合，在基层广阔舞台的实践中磨砺意志、提升本领、坚定信念，让同学们得以问理于途、问己初心，时刻关注国家发展需要。

全面建设社会主义现代化国家的基本动力来自科技、创新和人才，高等教育必须要在推进这项伟大的事业中做出党和人民满意的回答。如何培养出更多具有浓厚家国情怀、崇高理想信念和过硬学识本领的人才，我们必须做出更多的探索和实践。我们坚信，组织学生深入到国家各个地方和行业的方方面面，在社会这本大教材中，将更有利于他们深刻理解习近平新时代中国特色社会主义思想，勇立时代潮头，扎根祖国大地，争做新时代的先锋力量，让青春之花绽放在祖国最需要的地方。

是为序。

目 录

自 序 ·· / 001

❦ 实践研究论文篇 ❦

1. 构建特色治理体系，促进乡村"四治融合"
   ——以浙江省绍兴市潘韩村为例 ·············· / 002
2. 关于张家界市慈利县乡村振兴背景下旅游脱贫的研究 ·········· / 011
3. 基于大学生群体红色旅游满意度的模糊综合评价
   ——以遵义会议会址为例 ····························· / 022

❦ 实践调研案例篇 ❦

4. 天元之南，耕耘之心
   ——现代农业公园的石三门片区模式 ················· / 030
5. 蜀河古镇景区带村模式案例研究 ································· / 040
6. 仁河口镇景村一体发展模式案例研究 ···························· / 046
7. 南丰社区中心综合治理模式案例研究 ···························· / 050
8. 三新经济助力乡村振兴发展案例研究 ···························· / 057

9　陕西省泾阳县蔬菜产业"研发—生产—销售一体化"案例研究 …… / 067

10　塘约模式：穷则思变，以改革创新走出小康之路的案例研究 ……… / 074

实践调研报告篇

11　关于延川县乡村振兴发展现状的调研报告 …………………… / 080

12　关于宁陕县乡村旅游及乡村产业振兴的调研报告 …………… / 092

13　关于盐池县普惠金融助力产业振兴的调研报告 ……………… / 099

14　关于乡村振兴背景下陕西子长产业升级路径的调研报告 …… / 122

15　关于新疆维吾尔自治区疏勒县乡村发展现状的调研报告 …… / 127

16　关于甘泉县农村产业发展的调研报告 ………………………… / 133

17　关于厦门市田洋村乡村振兴发展实践的调研报告 …………… / 140

18　关于福建省霞浦县乡村振兴成果的调研报告 ………………… / 146

19　关于淳化县产业发展的调研报告 ……………………………… / 153

20　关于榆林市横山区肉羊养殖业发展的调研报告 ……………… / 159

21　关于三原县乡村振兴之路的调研报告 ………………………… / 165

22　关于宜川县苹果产业助力乡村振兴的调研报告 ……………… / 172

后　记 …………………………………………………………………… / 180

实践研究论文篇

1 构建特色治理体系，促进乡村"四治融合"
——以浙江省绍兴市潘韩村为例

一、引言

潘韩村下辖于浙江省绍兴市上虞区崧厦街道，为城乡结合区域，是崧厦街道的"伞业专业村"。2006年，潘韩村由潘家、韩家两个自然村合并而成，全村地域面积约1.5平方千米，截至2020年年底共有人口902户，2560人，青年人口仅占全村人口的32%。

近年来，上虞区崧厦街道把"伞艺小镇"作为未来发展的主阵地，把省级特色小镇的创建打造作为优质的发展平台。作为上虞区"伞业小镇"的技术核心区，潘韩村拥有劳动密集型伞业及关联企业近100家①。随着电子商务的蓬勃发展，潘韩村立足伞业基础，结合美丽乡村精品村建设，打造出建筑面积3000平方米的电商产业园，营造优良的营商环境，从而推动产业转型升级。因此被评为"第一批浙江省商贸发展示范村""2020年淘宝村"。潘韩村积极盘活存量资源，发展村级物业，重新配置土地用途的租金收入是潘韩村集体收入的重要来源。潘韩村利用城中村的地理优势，通过投资购买沿街商铺，将集体用房变身厂房招商等来赚取租金。2020年，村集体收入达到约190万元，年租金收入约占村集体收入的80%。

在乡村文化的发展上，潘韩村依托其大量的历史遗存和源远流长的历史文化底蕴，通过"文明村"的创建活动，提炼出三个村级文化，即清廉文化、乡贤文化、忠义文化，将本村特色文化转化为社会生产力，营造出风清气正的村风民风。

在社会生态方面，近年来，潘韩村党总支带领全村广大党员、干部、群众，积极开展五水共治、拆违控违、环境卫生整治、五星达标和3A创建活动。并大

---

① 注：本文所涉及数据均截止到2020年底。

力开展农村生活污水治理，注重环境卫生整治、垃圾分类常态化等工作，积极响应政府关于"三改一拆"和拆违控违的号召，充分利用原来的拆违土地。这些措施改变了其村容村貌，也使村民的生活水平和幸福指数不断提升，环境治理持续稳步推进。

在我国城乡二元经济结构的影响下，潘韩村乡村发展也暴露出一些新问题。乡村振兴，关键在人。乡村人才缺乏，成为制约潘韩村发展的主要因素之一。伴随着上虞区工业化、城镇化的突飞猛进，村中大量青壮年劳动力不断外流，农村空心化、农民老龄化的问题更加严峻。同时，乡村建设时间较短和发展经验不足，使潘韩村乡村基层治理的人才培养机制不健全。潘韩村基层治理结构中的老龄化现象严重，致使乡村基层治理缺乏创新和活力；随着城市化进程加快，上虞区城市化建设进行了大规模土地征收，潘韩村农业用地急剧减少，乡村经济增收渠道受限、村内基础设施功能配套不完善等问题开始显现；城镇化、工业化、市场化的发展，给乡村带来先进经验，使村民变得富裕的同时，也以强势力量改造和解构了乡村社会的文化价值，对传统乡村文化形成了强烈的冲击与消解，带来了深刻的文化冲突。潘韩村农村空心化、农民个体化、社会组织松散化的困境加剧了潘韩村特色民俗文化的衰落，大量人口的外流使得传统风俗失去传承。

因此，如何缓解乡村人口老龄化、吸引青年返回家乡、完善村内基础设施建设、振兴潘韩村乡村文化等成为潘韩村乡村振兴的关键问题。为了走好乡村善治之路，潘韩村进一步创新其基层治理体系，建立健全了自治、德治、智治、法治融合的基层治理体系。2021年7月，课题组对潘韩村经验进行了专项调研探索。

二、主要做法："1＋1＋1＋N"特色模式

（一）形成一套党建引领的管理机制

潘韩村由村党总支副书记带队，村团支书领跑，召集人联络，形成党建带团建的管理机制，健全"团干部＋社工＋平安青虞"基层青年工作队伍，组成了党建引领下的共治、共建、共享的多元农村治理格局。

（二）打造一支青年助力的服务队伍

潘韩村通过整合原村群团志愿者、乡贤会、返乡大学生、校地共建单位等青年群体资源，摸清了青年群体底数，选拔出优秀人才。根据公共事业、工程建筑、创业就业、文化宣教等领域青年的专业优势，组建了家燕团、宣讲团、跑小二、乡青会等四个小队（图1-1），统称平安青虞。

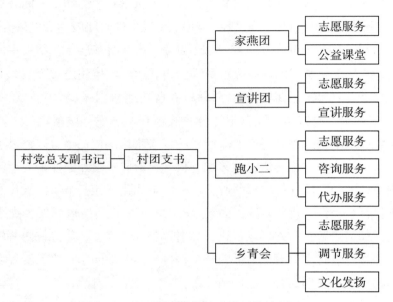

图1-1 潘韩村乡村治理工作队伍

（资料来源：调研团队根据公开资料整理）

一是家燕团，即潘韩村在读青年大学生，集中在寒暑假等节假日进行公益夏令营辅导教学以及村平安宣传、文明引导等志愿服务。通过举办各类志愿服务活动，凝聚新一代青年学生的力量，有利于缓解乡村基层治理中缺乏创新和活力的问题。

二是宣讲团，由擅长讲解、形象端庄的青年担任村史馆讲解员、党团知识宣讲员，负责研学团队接待等工作。宣讲团用青年力量加码乡村治理，充分发挥群众的主体作用。由村内青年进行讲解，既能够运用地方方言帮助文化水平受限的年老村民理解村内出台的相关政策，又能接待外来研学队伍或游客，将潘韩村的历史文化加以传扬。

三是跑小二,由网格志愿者、青年党员代表组成,主要负责便民代办代跑、事务咨询等志愿服务。跑小二充分利用网络交流软件,将"平安青虞"议事微信群作为联络渠道,可以查看各类志愿服务需求和建言献策。同时通过数字化渠道提供更好的服务,并着重关注垃圾分类、旧物共享、环境整治及公共事件等问题。

四是乡青会,由教师、企业家、民警等从事专业领域的青年乡贤组成,乡贤主要参与矛盾纠纷调解、特色文化发扬、乡村建设发展等。在乡村振兴、基层社会治理、现代化文化品牌打造等乡村建设发展中,积极寻找合理可行的解决方案;注重疏通群众表达意见和诉求的渠道,下沉参与矛盾调解,将矛盾纠纷化解与村民需求、村庄管理相串联。

按照"两地报到、组团回归、服务基层"的活动机制,潘韩村成立了伞城先锋服务队,由9名机关公务人员组成,极大地提升了基层治理能力的现代化,为乡村基层决策提供更科学的建议。

(三)创建一份服务多样的清单

"平安青虞"青年服务队结合潘韩村乡村治理需求整理出一份服务事项清单,共涉及志愿服务、咨询服务、代办代跑、矛盾调解、理论宣讲、公益课堂和文化发扬的七大类别的17项基本服务事项。

(四)建设N个开展服务的活动阵地

潘韩村在月林书院设青年讲堂,并公布每季度公益课堂计划;设立青年书吧,放置各类青年杂志、报纸等读本,提供学习交流场地;部分绿地、公园设青护绿地,安排"平安青虞"为责任维护人进行定点维护清洁。为保障青年队伍更好地服务乡村基层,潘韩村建设了新时代文明实践站,定期开展活动并进行相关业务知识培训,规范化管理志愿服务以期更好地进行志愿服务活动。

三、整合乡村治理资源,让乡贤人才领跑乡村智治

(一)扩大乡贤人才队伍

乡贤能够担当起治理乡村的责任。现代乡贤主要是指从乡村走出来,在外有

所成就的政府官员、成功商人以及才学深厚的专家学者和在村民中具有较高威望的其他人士等。

近年来，上虞区不断完善乡贤组织，成立了乡贤文化研究会、乡贤联谊会、乡贤参事会，挖掘整理乡贤资源，吸引更多的乡贤回归故里，反哺家乡。崧厦街道办事处每年划拨资金1000万元对乡贤助力项目实行奖补，街道办事处制定竞争性立项实施细则，对申报项目实行综合会审、考评打分。潘韩村村干部主动上门找乡贤、引项目，通过密集走访乡贤、宣传政策精神、组织专题座谈、颁发荣誉聘书等方式吸引更多乡贤反哺家乡。以基层党建为引领，将一大批品行好、有能力、有影响、有声望、热衷公益事业、热心家乡经济社会发展的人士纳入新乡贤群体，包括专家学者、专业技术人才、技能人才等，并培养造就新乡贤，探索建立村居新乡贤顾问团、智囊团。

（二）鼓励乡贤参与事务

潘韩村积极吸纳新乡贤参与基层公共事务决策咨询，协商民主议事对话等社会治理和公共服务活动，促进基层决策科学化；依托"三师三员回归乡村"活动，深化"乡警回归"品牌建设，引导新乡贤在村党组织领导下依法依规参与乡村治理，在主动履行"表率乡里、育德育新、引领乡风"的过程中，传递正能量，从而带动更多社会组织和社会人士加入回归家乡、服务家乡、建设家乡的阵营中。潘韩村鼓励新乡贤通过土地、劳动力、资金入股等多种方式，吸收新乡贤所带来的先进的生产技术和经营理念；使新乡贤在基层多元治理中发挥智库角色，加大力度为乡村振兴保驾护航，为潘韩村乡村振兴聚智聚力。

（三）全面培育乡村人才

围绕村内伞业产业、电商产业、农业产业等，潘韩村创立了上虞区首个乡村网红学院，打造了网红培训基地，为潘韩村可持续发展输出新型乡村管理人才、乡村网红人才、乡村信息化人才、农业信息化人才，同时兼顾乡村村民教育培训，综合提升乡村整体素质。

（四）培育文明乡风，让独特文化促进乡村德治法治

一是开展乡村建设项目。近年来，潘韩村通过文化传承，保护村中的传统文

化和历史文化遗产,构建乡贤文化、廉洁文化和忠义文化三种村级文化,最大化发挥乡村独特价值。合计投入资金约1700万元开展精品村建设项目,包括精品线路美化项目、月林书院项目、"三合一"党群服务中心、文化礼堂、家宴中心美化、忠义公园及法制公园项目、三线整改等。2020年,潘韩村投资450余万元修复月林书院,书院正屋内设国学讲堂、书法、绘画工作室、阅览室等,经常邀请青年宣讲人、书法大家来讲学授课。文化设施的建设满足了村民日益增长的精神文化需求,凝聚着乡贤对于家乡的浓浓乡愁。

二是营造基层廉政乡风。潘韩村长期保持公务接待零开支,村级财务、党务、村务定期公开,并有专门的村民监督小组监督,不断完善监督机制,落实"常态化"监督,建立长效监督机制,并严格执行相关规定,使干部自觉接受村民监督,发展互相信任的党群关系。潘韩村坚持村干部及其家属不参与任何工程建设的原则,村中的每一项实事工程建设,都要通过支部会议、村三委会议、党员、村民代表会议等讨论决定。5万元以上工程,由街道办事处组织招投标,并请监理公司把牢质量关;利用电视、微信和党建长廊等媒介公布电话及网络举报途径,拓宽村民诉求、监督渠道;倡导传递清廉文化,以清廉为主题,拓展清廉文化阵地,打造清风廊、清廉赋、廉政雕塑、廉洁清德主题牌等系列节点,将历代除暴安良、清正廉洁的先贤典故、廉政警句、家训家风、乡贤故事等展示在清风廊,带动基层党风廉政教育建设,营造风清气正的村风民风;注重传承宣教,通过梳理清廉乡风、编撰乡贤事迹,在潜移默化中传承清廉乡风。

三是打造民主法治精品示范村。依法治村,清正为民,成为近几届潘韩村村级组织的首要要求。潘韩村将法治文化融入美丽乡村建设,精心建设基层法治文化阵地。村内建设法治文化墙、法治标语墙、法治宣传栏、法治图书专柜等法治宣传硬件设施,制定并完善村规民约。2020年,潘韩村成功入选浙江省民主法治村。

四、开展数字化建设,让信息化赋能乡村善治

(一)推进伞业数字化工厂建设

潘韩村大力开展数字化建设,在乡村治理、平安乡村、村务服务等多方面进行数字化建设,着力于潘韩村经济长远发展。结合潘韩村伞业产业,构建潘韩村

永远跟党走　青年乡村行

"伞业数字工厂",形成"政府—企业—农民"的联动体系。将传统伞业线下生产转型为线下线上联动生产,即伞业企业将订单发布在平台上,村民在平台上接单的就业模式,搭建企业与工人就业的桥梁。负责人监管企业发布工作计划任务、监督农民认领任务完成情况、监察企业和农民收入情况。不仅可以为农民提供更多就业择业机会,解决村内的闲余劳动力问题,而且可以解决企业招聘难、招聘风险大的问题,有利于逐步推进伞业数字化工厂建设,达到富民增收助企的目的。

(二)打通便民服务"最后一公里"

潘韩村依托互联网+,打通便民服务"最后一公里",引入自助便民终端,简化相关事务。设立了自助大厅、自助服务亭,安装了自助服务终端,为村民和企业提供"就近办、网上办、自助办"的一体化政务服务。通过搭建大数据智能监管云平台,可查询居民住户的统计数据,可以将垃圾分类、河道治理等具体情况上传至数字平台。在垃圾分类方面,平台能够收集居民的参与率、正确率、空桶率等的统计数据,并展示收集员的工作时长、重量统计、用户积分情况等,实现了智能化信息化的监管和有效的激励机制,有利于村容村貌和居民素质的显著提升。

(三)创建志愿服务网络渠道

潘韩村通过畅通网络,创新青年志愿服务模式,以微信群为联络渠道,村民可以发布各类志愿服务需求、建言献策等。采用激励机制,设置"服务兑换角",依据后台服务时长,对应兑换服务纪念品,线上实施监督服务情况,并将服务记录纳入各类先进评优的重要参考。

(四)开发美丽乡村云平台

潘韩村坚持和落实群众路线,尊重基层首创精神,积极推进网格化,开发功能多样的美丽乡村云平台。其中720°VR全景航拍可以帮助实现潘韩村的乡村宣传,建设智慧乡村;村庄门户网站囊括乡村所有信息,可以了解更详细的村庄概况、历史遗存、文化底蕴和实时动态;便民服务进一步方便生活,包括垃圾分类查询、挂号、一键导航和天气预报等功能。

五、评价与借鉴

统筹推进乡镇（街道）和城乡社区治理，是实现国家治理体系和治理能力现代化的基础工程；完善国家整体的治理体系，是实现社会主义现代化强国的关键环节。潘韩村在实践中通过构建"1+1+1+N"青年参与基层治理的特色模式、整合乡贤人才资源、培育文明乡风、开展数字化建设，完善了基层自治机制，建立健全了自治、德治、法治、智治的基层治理体系。在很大程度上吸引本村青壮年人口回流，不仅缓解了当地的人口老龄化问题，而且能够有效调节村干部与村民之间、村民内部的矛盾，解决发展成为社会主义美丽和谐新农村的诸多问题。

一是青年参与基层治理通过自身将参与乡村治理的积极性传递给家庭，提高村民自觉参与乡村振兴建设的积极性。青年调解团的作用使信访工作大幅减少，大大减轻基层工作负担。

二是新乡贤力量在促乡村善治、强基层治理中发挥着越来越多元的作用，能够带来先进科学的生产方式和经营理念，带动村民共同投身村级产业项目、捐资助力村庄建设、推动乡村公共服务供给，促进城乡发展一体化，成为地方特色村庄内生发展的主体力量。如浙江大学严力蛟教授团队，已在四治融合、文化铸魂、村级集体经济发展等方面发挥作用，有力促进了潘韩村各项工作全方位发展。

三是培育乡村独特文化和文明乡风，有利于宣传好本村特色文化品牌，对本村文化进行传承和发展。潘韩村通过数字化建设，逐步建设潘韩村伞业数字化工厂、村民自助服务终端、志愿服务网络渠道和美丽乡村云平台，扩大了乡村经济增收渠道，为村民服务提供便利，使村内环境质量不断改善，达到富民富村的目的。

随着我国新型工业化、城镇化加快推进以及农村改革不断深入，我国广大乡村正经历着前所未有的变化。农业生产方式和农村社会结构的变化在促进农业发展、农村进步、农民富裕的同时，也给乡村治理带来新型问题。潘韩村通过建立特色的乡村治理体系，促进四治有机融合，对于缓解人口老龄化、培育乡村治理人才、完善乡村公共服务等有重要意义，有利于推动潘韩村建设成为"生产发展、生活富裕、乡风文明、村容整洁、管理民主"的和谐社会主义新农村。潘韩村的

永远跟党走　青年乡村行

实践表明，只有因地制宜、实行符合本村特色的治理形式，才能实现基层治理的民主化、法治化、科学化，从而使基层治理紧跟乡村振兴战略的实施，适应现代社会的发展。因此，潘韩村特色的乡村治理体系，是打造形成一批青年欢迎、社会认可、富有区域特色地区的重要借鉴。

　　作　　者　西北大学经济管理学院本科生　王　湘　程　雪　焦琪悦　蔡昊宇
　　指导教师　杨世攀

2 关于张家界市慈利县乡村振兴背景下旅游脱贫的研究

一、引言

2021年是建党100周年，站在"两个一百年"的历史交汇点上，慈利县通过旅游驱动其他产业，从提高人民生活水平、完善基础设施建设、建设基层组织、振兴乡村产业四个方面入手，如期完成了脱贫攻坚的任务，同时也为巩固脱贫成果、实现乡村振兴提供了新思路、奠定了新基础。2018年9月13日，全国乡村旅游与旅游扶贫工作推进大会在湖南省张家界市慈利县召开，反映了慈利县旅游脱贫模式已经成为我国美丽乡村建设的重要示范、脱贫攻坚的重要样板、乡村振兴的重要标杆。本文将从慈利县现状、创新与经验、问题与不足、提升策略四个方面具体分析慈利模式的标杆作用，为其他准备发展旅游脱贫的区县提供经验和借鉴思路。

二、研究区域现状

慈利县是国际旅游胜地——张家界的核心组成部分，位于湖南省西北部，素有"金慈银澧"之称，是革命老区县、国家武陵山片区扶贫开发重点县、少数民族人口过半县、国家生态主体功能区试点示范县、省直管经济体制改革试点县、省新型城镇化试点县、政府投融资平台改革转型发展示范县、旅游扶贫示范县，享有"中国温泉之乡""杜仲之乡""大理石之乡"等美誉。全县总面积3492平方千米（其中，耕地面积61.25万亩①、林地面积达369.9万亩），辖25个乡镇。具体数据见表2-1、表2-2、表2-3。

---

① 1亩=667平方米。

表 2-1　张家界各区县各年龄段人数占比

地区	占全市总人口比重/%			
	0~14 岁	15~59 岁	60 岁及以上	65 岁以上
全市	17.96	60.28	21.76	17.09
永定区	17.75	64.8	17.44	13.42
武陵源区	17.88	66.74	15.38	11.72
慈利县	16.56	57.33	26.11	20.45
桑植县	20.34	57.43	22.23	17.96

资料来源：调研团队根据公开资料整理。

表 2-2　张家界各区县男女人数及占比

地区	男女人数占总人口比重/%		性别比
	男	女	
全市	50.86	49.14	103.48
永定区	50.85	49.15	103.44
武陵源区	51.19	48.81	104.88
慈利县	50.47	49.53	101.91
桑植县	51.39	48.61	105.72

资料来源：调研团队根据公开资料整理。

表 2-3　张家界 2020 年各区县人口数及占比

地区	人口数/人	占全市人口比重/%
全市	1517027	100
永定区	517595	34.12
武陵源区	60857	4.01
慈利县	562493	37.08
桑植县	376082	24.79

资料来源：调研团队根据公开资料整理。

慈利全县共有贫困村 134 个，其中省级深度贫困村 1 个，贫困人口在 100 人以上的非贫困村有 221 个。有建档立卡贫困人口 24030 户 84977 人，自 2014 年打响精准脱贫攻坚战以来，慈利县紧紧围绕"一超过、两不愁、三保障"脱贫标准，全面落实"六个精准"要求，认真把握"五个一批"脱贫路径，脱贫攻坚取得显著成效。2018 年，全县 134 个贫困村全部脱贫，省政府于 2019 年 4 月 16 日批复同意慈利整县脱贫摘帽。截至 2020 年年底，贫困人口全部脱贫。

（一）人民生活水平大幅提高

慈利县群众的生活水平逐步提高。贫困人口获得产业扶贫和就业扶贫支持，慈利县累计培训贫困劳动力 3377 名，实现贫困劳动力转移就业 25948 人，发放外出务工交通费补助 375 万元，扶贫小额信贷 6013 笔，共计 229368 万元。为 5.1 万名贫困人口发放林业补助资金 17273.22 万元，聘请生态护林员 6235 名，每人每年落实管护费补助 1 万元。投入扶贫特惠保 1993 万元，共理赔 4854 笔共计 1284.67 万元。实施易地搬迁和危房改造，共搬迁贫困人口 4045 户共计 14410 人，改造危房 13800 户。推进教育扶贫，共资助家庭经济困难学生 30489.1 万元，发放助学贷款 3914 人次共计 2882.71 万元。开展健康扶贫，贫困人口县城内就诊率达 94.96%。强化社会保障，贫困人口基本医疗保险参保率高达 100%，社保兜底对象的救助水平标准为每年 4080 元/人。

（二）基础建设不断推进

慈利县的生产生活条件大幅改善。慈利县累计筹集县域贫困地区基础设施建设资金 52.8 亿元，其中，投入资金 20.3 亿元，新修建贫困村道路 1422 千米，硬化通村水泥路 3364.3 千米，进行窄路加宽道路工程 926 千米，实施生命防护工程 952.7 千米，全县所有 25 户以上自然村均实现了通达公路以上标准，并开通农村客运班车 373 台，农村班线通村率高达 100%；投入资金 1.68 亿元，新建安全饮水提质工程 188 处、小水窖 3021 口，解决贫困户安全饮水问题 1.11 万户 3.98 万人，贫困户安全饮水率达 10%；投入资金 9285 万元，完成 134 个贫困村电网升级改造任务；投入资金 8852 万元，新改建 15 所乡镇中心幼儿园和 35 所农村教学点附属幼儿园；投入资金 3.06 亿元，完善医疗卫生服务基础设施，所有贫困村都建成村卫生室；实施农村互联网终端普及，4G 用户超过 16 万户，光纤宽带行政村通达率达 97%。实施文化惠民工程，贫困村均建有农家书屋，成为全省农村文化公共服务示范县。

（三）基础设施建设不断完善

慈利县注重抓党建促脱贫攻坚，大力实施"四培四带"，贫困村的基层组织建设得到加强。投入3.8亿元，建成434个农村综合服务平台，其中134个贫困村的公共服务平台、惠民供销综合服务站和村级文化活动中心已经投入使用。动员社会力量参与扶贫开发，共有60家非公企业、35个基层商会参与贫困村帮扶工作，5.4万名爱心人士投身"户帮户亲帮亲"活动，持续对接658户贫困户。按照"标准统一、样式统一、内容统一"原则，全县统一规范设计村务公开栏。

（四）乡村产业发展蒸蒸日上

产业扶贫慈利模式持续拓展。慈利县依托丰富的乡村旅游资源，推介拓展禾田居山谷、红岩岭等15条精品户外旅游线路，创新培育景区辐射模式、休闲体验模式、节会赛事模式和新兴业态模式，全力打造了旅游扶贫慈利样本，全国乡村旅游大会在慈利召开，湖南省旅游扶贫示范县成功创建，共有38个贫困村通过发展乡村旅游脱贫摘帽，1.5万名以上建档立卡贫困人口脱贫。全力打造"硒有慈利"公用品牌，公开遴选10家产业扶贫龙头企业，培育100家参与产业扶贫的新型经营主体，打造杜仲、中药材、茶叶、黄牛等特色产业基地，全县134个贫困村建立了专业合作社，流转贫困户土地1.98万亩，受益贫困人口10361名。建成村级光伏扶贫电站40个，总装机量2550千瓦，255户建档立卡贫困户受益。构建县级电子商务公共服务中心和县乡村三级电商服务体系，建立网店（农村淘宝）243家，2019年电子商务交易额超过10亿元、农特产品线上交易额突破2.5亿元，带动2608户共计7953名贫困人口实现稳定脱贫，入选全国电子商务进农村综合示范县。

（五）班子建设不断深入

慈利县注重在脱贫一线考察识别干部，3年共提拔脱贫攻坚一线干部144人，约谈提醒19人，撤换履职不力镇党委书记3名。全面配齐配强乡镇党政班子，选派科技副乡镇长13名。出台优秀年轻干部培养选拔管理办法，将65名脱贫一线干部纳入优秀年轻干部库，严格村（居）换届，工作选优配强村"两委"班子，实

实践研究论文篇

现新任村（社区）党组织书记、主任一肩挑，班子结构进一步优化。

八年的脱贫攻坚战成效显著，未来将持续巩固拓展脱贫攻坚成果，慈利县正在探索建立防止返贫机制。慈利县按照"四个不摘"的要求，制定了《慈利县脱贫攻坚巩固提升两年行动方案（2019—2020年）》《关于进一步加强驻村帮扶、结对帮扶工作的意见》，采取积极措施巩固脱贫攻坚成果，重点加强易地搬迁后续扶持，因地制宜发展乡村产业，确保稳定脱贫，防止返贫。建立了监测预警机制，对已脱贫群体进行跟踪回访，同时加强对不稳定脱贫户、边缘户的动态监测，提前制定帮扶措施。建立防止返贫政策保障机制，关注因病、因学、因灾等导致困难群众致贫因素，采取"政府＋保险"保障方式，按农村人口15%的比例，确定"防贫保"保费的缴纳人数，增强了处于贫困线边缘人群的抗风险能力，持续巩固拓展脱贫攻坚成果。

三、创新与经验

慈利县是张家界旅游的主战场，旅游资源丰富。2018年在慈利县三官寺乡罗潭村召开的全国乡村旅游与旅游扶贫工作推进大会，进一步向全国全省推介了旅游扶贫慈利样板。为此，县委县政府持续创新培育了"景区辐射模式""休闲体验模式""节会赛事模式""新型业态模式"等旅游精准扶贫四种模式。

（一）大力推进多业融合，走出旅游产业扶贫新路

在发展旅游业的同时，慈利县还借助特色产业，产旅融合，打造新型乡村旅游业态。以广福桥镇三王村为例，在湘煤集团驻村帮扶后，致力主打两个产业。

一是"旅游＋康养"，以当地特有药材杜仲为核心，建立药材工厂药王谷，延长杜仲产业链，以杜仲药材为原料的保健酒、牙膏、洗发水等产品将投入康养基地，打造"杜仲产业链＋文化馆＋采摘＋诗酒茶"为主题的乡村康养基地；药王谷以种植杜仲、黄檗、厚朴等中药材为主，建成杜仲研究基地、杜仲加工体验文化馆、制茶工坊、诗酒茶园、药材茶叶采摘体验园，打造中药材扶贫车间，实现村发展、民受益，带动杜仲产业及旅游业融合发展，并将持续为乡村振兴助力。

二是"旅游＋研学"，体验民俗，参与乡间种植，入住特色民宿，享受三王风光。竹溪谷民宿是湘煤集团通过改造闲置、建档立卡户家庭房屋，打造竹林里的

民宿客栈。入村，过桥，进入竹溪谷游道，青石板在田坎、禾场、竹林边延伸，将四栋山间民宿串联起来。通过走访调研，民宿的建立使得建档立卡户有了新的发展之道，自主经营之下，农户有了稳定的收入。因地制宜之下，打造三王品牌，努力将三王村打造成为集历史民俗文化、养生游、自然风光于一体的乡村旅游胜地。

（二）推行全域旅游景区辐射带动模式

张家界大峡谷位于慈利县三官寺乡，作为张家界重点旅游景区之一，同时发挥着带动周边旅游的重要作用。在景区入口处，向游客展出三官寺土家族乡全域旅游线路，推介了三种旅游线路组合，为周边景区引入大量游客资源。

以罗潭村为例，罗潭村位于三官寺土家族乡西部，该村紧邻张家界大峡谷、武陵源黄龙洞、宝峰湖等名胜景区，村域境内生态山水清秀，自然溶洞奇特，森林覆盖率达到80%以上。2015年以来，该村在市政府办公室的帮扶下，依据《罗潭村脱贫攻坚规划》和《罗潭村乡村旅游产业发展规划》，明确了"发挥区位优势，依托旅游扶贫，服务核心景区，建设秀美村庄"的工作思路，确定建设"五个一"（一条旅游道路，一条步行游道，一组水利设施，一个旅游社区，一片特色民居）和"四园一谷两厅"（桃园、杨梅园、蔬菜园、垂钓园，禾田居山谷，洞穴餐厅、瓦窑餐厅）的旅游精准扶贫工作内容。在核心景区的辐射带动下，引进的"万豪路上汽车酒店"及"禾田居山谷家族农耕体验旅游度假区"等项目蓬勃发展，解决了本村80%的劳动力就业，同时辐射周边乡镇村民就业。在景区辐射模式的推广下，罗潭村是其中的受益地之一，以点带面，推动全域旅游；以旅增收，提升村民幸福感、收获感。

（三）大力开展基础设施建设，为旅游发展夯实基础

以罗潭村为例，村里新修10.6千米改良性沥青旅游道路、6千米组道和2座土家建筑风味的风雨桥；整修山塘，新修沟渠，铺设7000米自动给水管网，新建300立方米人畜饮水安全的地下水窖；增设4台电力变压器，深埋电力、通信管网1100米。再如大尖村，村里主路加宽到5米，安装防护栏十几个，实现组组都有水泥路；新修路灯55盏，组组都实现亮化；7个山塘整修，保证老百姓用水；增加2台变压器，改善了村民用电问题。

高标准的基础设施项目建设，不仅解决了村民出行难、饮水难、用电难的老

问题，又满足了发展乡村旅游产业对基础设施高要求的实际所需，路宽了、电通了，旅游业发展十分迅速。

（四）注重因地制宜，充分利用当地资源

充分利用当地丰富的旅游资源，极具前瞻性地开发了张家界大峡谷、龙王洞、江垭温泉、万福温泉四个国家 4A 级旅游景区和五雷山、张家界地缝两个国家 3A 级景区，形成了以峡谷、温泉、仙山为核心的知名旅游品牌。

充分利用当地人力资源，尤其是调动农村人口参与旅游业建设，既推动了旅游业的发展，又解决了当地村民就业，从而推动了脱贫。以罗潭村为例，流转土地 245 亩打造的禾田居山谷，运营一年来接待游客 15 万人，解决本村就业人口 41 人，人均工资达到 2000 元以上。

充分利用闲置房屋、土地资源，并集中整合起来做旅游业开发。以三王村为例，整合村内闲置"空心房"并进行设计改造成为民宿，环境优美，景色宜人，已成为当地旅游发展的一大特色；再如三双村，将村内土地整合起来统一规划发展荷花产业，并大力推进以观赏荷花为中心的观光旅游业的发展，荷花产业目前已初具规模，发展趋势也向好。

四、存在的问题与不足

慈利县根据当地的地理环境和产业布局所进行的旅游开发，除了规模较大的景点景区，周边乡村和县级市旅游景区仍主要依托政府政策红利支持和企业介入管理带动。以下是调查团就旅游管理方面了解到的不足以及需要加以改进的地方。

（一）村镇基础公共设施和旅游服务设施建设有待完善

当前制约乡村旅游振兴的一大重要因素是难以有效满足游客的需求。一是设施建设。村镇部分地区仍存在泥巴路、土堆房等现象，道路硬化拓宽后的维护没有跟上，少数存在过于追求效率而赶工期的现象。偏远地区的居民生活条件仍相对滞后。二是发展旅游产业的条例规范不足，辐射地区不够广泛。乡村民宿建设后期规范不足，存在卫生设施和安全设施缺陷等问题。除游客衣食住行条件外，

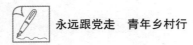

特色旅游不突出，处于前期探索和规划阶段。

（二）宣传力度不够

除了大景区构建起较成熟的旅游管理和宣传体系，依托景区发展起来的周边乡村旅游宣传力度有待提高。许多地区仍采取传统方式，依靠政府的行政手段去推广，对新型媒体宣传手段运用不足，旅游客源主要来自周边城市，对外宣传辐射范围有限，打响知名度任重道远。

另外，品牌打造环节处于初创阶段。各地挖掘自身地理特色产品，打造完善产业链是乡村振兴的重要一环，也是农村旅游能够长期良性发展和循环的重要依托。目前，慈利县正极力打造"硒有慈利"特色品牌，逐步向外推广。

（三）财政支持有限

现阶段慈利县扶贫资金主要来自政府专项资金整合补贴但财政支持能力有限，招商引资力度不够，自主融资能力不强，因此慈利县急需拓宽融资渠道，争取到更多的资金用于未来发展。

（四）乡村振兴人才资源短缺

在市场大背景下，许多年轻人离开家乡从事其他行业，留守乡村的多为老人、小孩，劳动力流失严重。同时，一批高才干、高远见的青年干部的流失，使乡村振兴发展势头放缓。政府目前急需培养和留住具有奉献精神和责任意识的基层干部，为乡村旅游奠定人才基础。

（五）旅游管理从业人员的总体素质有待提高

自发性旅游协会的旅游管理专业人才较少，工作人员的管理经验不足，可能导致旅游景区管理机构的办事效率偏低、游客印象不佳等，容易给整个景区与旅游企业的形象带来负面影响。

发展高质量第三产业将是乡村旅游振兴的发展目标，必须建立健全内部管理制度来规范从业人员的行为，重视从业人员综合素质的培养，促使旅游服务整体水平的提升。

（六）村民知识普及不到位，参与度较低

通过对村民的问卷调查与走访沟通，我们发现农村大多数村民都是留守在家的老人和儿童，能力不足，仍以传统农业和子女供养为主要收入来源。老人对于旅游脱贫、普惠金融等情况不太了解，相关事项的参与度也不高，很难有效参与到旅游脱贫工作中来。

（七）土地资源利用问题

以慈利县为例，主要产业为旅游与传统耕种。近几年着力打造旅游企业，在一定程度上与耕地用地产生矛盾。与此同时，政府出资建设乡村，打造规范村落，虽然建设成果丰硕，但考虑居住人口多数为老人儿童群体，青年务工在外，许多房屋因此闲置。此外，原来村民的土地被公用化，难免会产生一些不合作、不理解的负面情绪。如何合理利用土地资源，平衡各方面权益，真正落实成果，是旅游脱贫乃至脱贫攻坚都需要面对的巨大挑战。

（八）地方性政策还有待完善

张家界是著名的旅游城市，近年来推出"全域旅游"的概念。以慈利县为例，广大农村因为远离市中心以及著名的旅游景点，而在旅游脱贫进程中得不到有效的开发利用，地方扶持政策应当更加关注这些地区，推动共同发展。

五、政策建议

（一）提高旅游服务质量，保护景区环境

对旅游地进行高品质再开发，充分利用新媒体平台等信息化工具进行景区宣传，传递正确旅游价值观和创新理念，如线上推动"环保旅游"深入人心，使游客入园即做到心中有意识、脚下有行动。

完善旅游定制服务，用运筹学的分析模型制定可供选择的、具有针对性的多元方案，包括旅游路线和食宿等；同时提供个性化旅游线路规划的专职导游人员，尤其鼓励当地村民加入，从细节处突出本地特色，更有助于推动本地的旅游产业发展，增加人民就业和收入，逐步提高人民生活水平。

在生态保护层面，应秉持政治经济文化生态协同发展的原则，定期进行景区生态检查。从景区居民角度来说，提高居民参与度。可以利用旅游淡季对当地村民进行相关的专业培训，外出参观学习经验，提升景区整体服务素质与生态保护意识，优化游客旅行体验。

（二）积极推动人力资源体制改革，完善旅游资源管理方式

加强对旅游景区人力资源的重视，人才是旅游景区的管理者，旅游景区的开发需要人来主导，旅游景区的日常运行需要人来维护，旅游景区的管理制度需要人来制定，旅游景区的安全需要人来管理。术业有专攻，积极招纳对口专业人员，同时吸纳借鉴优秀同行经验，参考对自身发展的可行性。

发挥行业协会作用，积极进行行业管理经验交流。利用行业协会的优势构建统一的、切实可行的管理制度和标准，提升旅游服务专业度。定期进行相互参观交流学习，提升景区服务认知能力，在邻近景区之间增强辐射联动性，进行旅游引流。

（三）吸引投资，创新旅游投融资模式，拓宽生态旅游融资渠道

旅游产业要发展，投资是关键，融资是刚需。在旅游投资空间与领域不断扩展，旅游项目、业态、政策不断涌现的背景下，正确引导旅游投融资是未来旅游业高质量发展的关键所在，要做好旅游产业投融资的加减乘除，增加有效供给，减少过剩投资，放大投资乘数效应，拉动人均旅游消费增长。通过设立专项基金，整合农业、水利、生态、交通、通信等资源，保证乡村生态旅游开发项目顺利进行。

继续做好传统景区、景点、住宿、餐饮的传统投资，增加新兴旅游业态的投资，根据民族地区的特点，加大在非标准住宿、旅游演艺、低空飞行、康养等体验式新业态的投入力度，打造多元化的融资渠道，调动社会资本参与旅游发展的积极性，充分发挥政府的引导和杠杆撬动作用，设立专项产业发展基金，并积极搭建多元投融资平台，吸引各类投资主体，释放社会资本和民间资本活力。

（四）产业融合，创新旅游发展新格局

旅游业的发展对于激活第三产业、调整产业结构、推动产业融合具有重要作用。随着我国旅游消费升级和旅游需求多样化趋势，民族地区的旅游业必须立足

于当地文化、农业、体育等特色进行大转型和大融合。在充分了解游客需求的基础上，基于对市场的分析和未来需求市场的预判，利用现代化的手段加工实用产品，通过创意化的设计来提升产品竞争力、实现文化加工，体现出"文创赋能，旅游赋值"的本质。

作　　者　西北大学经济管理学院本科生　向婧炜　豆北锋　张雅仪　张思瑶　张勤凤
　　　　　　　　　　　　　　　　　　　廖丽晨　宗俣辰　苏诗漫　黄巧雲

指导教师　戴　昶

3 基于大学生群体红色旅游满意度的模糊综合评价
——以遵义会议会址为例

一、引言

遵义地处中国西南地区、贵州北部，南临贵阳、北倚重庆、西接四川，处于成渝—黔中经济区走廊的核心区和主廊道，是国家全域旅游示范区，是首批国家历史文化名城。遵义是我国著名的革命老区，拥有丰富的红色资源，蕴藏着内涵丰富的红色精神。习近平总书记到遵义视察时，做出了"传承红色基因，讲好遵义故事"的重要指示。遵义会议是中国共产党第一次独立自主地运用马克思列宁主义基本原理，解决自己的路线、方针和政策方面问题的会议。这次会议，在极端危急的历史关头，挽救了党、挽救了红军、挽救了中国革命，在中国共产党和红军的历史上，是一个生死攸关的转折点。遵义会议纪念馆作为遵义最具代表性的红色旅游目的地，对遵义红色旅游业的发展具有重要的模范作用，对遵义市乃至贵州省的经济发展具有不可或缺的推动作用。

大学生是实现中华民族伟大复兴中国梦的可靠接班人，是全面发展中国特色社会主义的合格建设者，新时代大学生党史教育是传承革命星火、弘扬革命文化的重要举措。"党史教育作为国家思想政治教育的核心组成部分，是培养一代又一代社会主义建设者和接班人的重要基石"。中共中央、国务院关于《进一步加强和改进大学生思想政治教育的意见》指出："当代大学生不同程度地存在着政治信仰迷茫、理想信念模糊、价值取向扭曲、诚信意识淡薄、社会责任感缺失、艰苦奋斗精神淡化等问题。" 2016年7月1日，在庆祝中国共产党成立95周年大会上，习近平总书记强调："我们要坚持道路自信、理论自信、制度自信，最根本的还有一个文化自信，中国有坚定的道路自信、理论自信、制度自信，其本质是建立在5000多年文明传承基础上的文化自信。"通过建设红色旅游目的地，讲好红色故事，对大学生党史教育具有重要意义。

二、研究背景

在体验经济时代，旅游产品作为一种体验消费品，必须得到游客的认可。而游客的主观体验及评价，作为市场信号的最终反馈，成为旅游产品影响与后评价研究的重要方向之一。游客评价最初源于商业市场营销中的消费者满意度调查，在旅游学术研究由资源导向向游客导向转变的过程中，逐渐得到广泛应用。游客对旅游目的地进行游览后，对游览过程中景区各方面的满意度，不仅会影响到游客自身对旅游目的地的整体印象，还通过游客的分享，影响旅游目的地潜在消费群体的主观感知和旅游消费决策。

本文以大学生群体为研究对象，通过发放调查问卷进行调研，运用模糊综合评价的方法对遵义会议纪念馆这一典型红色旅游目的地的游客满意度进行综合评价。

三、研究方法

为方便数据信息的搜集和统计分析，游客测评指标主要采用态度量化方法，运用李克特五级量表尺度来测定。每个评价指标分别按照非常不满意、不满意、一般、满意和非常满意5个等级设置，5个等级分别对应1分、2分、3分、4分和5分。由于评价指标中涉及红色旅游景区游客满意度及其主要影响因素的大部分指标是软指标，很难在现有的旅游统计资料中找到相应的指标值。因此，本文采用问卷调查采集数据的方法对指标赋值。本文选取红色旅游目的地的典型——遵义会议纪念馆作为研究地点，在2021年7月22日采取抽样问卷调查的形式，共发放40份问卷，有效收回率92.5%。

本研究中的数据分析利用Excel和MATLAB软件。利用Excel对数据进行描述性分析，得出调查样本的一般特性。经过分析和数据处理得到权重集，进而对模糊向量进行计算。

四、评价模型的构建

（一）评价指标体系的建立

本文在邵晓锋多级指标体系的基础上，经过分析和提炼，构建了模糊综合评价法考察遵义会议会址时所需的各个因子（表 3-1），形成了相应的评价因子集 $U=$ [相关文物展示（u_1），体悟遵义会议精神的主题活动（u_2），会址的维护工作（u_3），咨询和引导服务（u_4），周边商品的开发程度（u_5），环境卫生（u_6），周边餐饮条件（u_7），拥挤状况（u_8），交通便利和舒适程度（u_9），卫生间和休息室的配置（u_{10}），其余应急实施（u_{11}），游客反馈的便利程度和处理的及时性（u_{12}）]。

表 3-1　红色旅游目的地大学生群体满意度综合评价指标体系

总目标层	指标（u）
红色旅游目的地顾客满意度指数（O）	相关文物展示（u_1）
	体悟遵义会议精神的主题活动（u_2）
	会址的维护工作（u_3）
	咨询和引导服务（u_4）
	周边商品的开发程度（u_5）
	环境卫生（u_6）
	周边餐饮条件（u_7）
	拥挤状况（u_8）
	交通便利和舒适程度（u_9）
	卫生间和休息室的配置（u_{10}）
	其余应急实施（u_{11}）
	游客反馈的便利程度和处理的及时性（u_{12}）

（二）因子满意度的打分

让大学生游客对遵义会议会址的各因子满意度进行评价，相应的评语集为 $S=$ [非常满意（s_1），满意（s_2），一般（s_3），不满意（s_4），非常不满意（s_5）]。

根据各因子与评语集之间的模糊数学关系，确定其各因子的隶属度。例如，针对相关文物展示这一因子，46.0%的游客表示"非常满意"，46.0%的游客表示"满意"，5.4%的游客表示"一般"，2.7%的游客表示"不满意"，没有游客表示"非常不满意"，于是可对相关文物展示因子得到如下模糊评价向量：[0.4595，0.4595，0.0541，0.0270，0.0000]。同理可得到其他因子的模糊评价向量，合并以后可以得到模糊评价矩阵 M。

（三）各因子权重的确定

根据对比排序法，让大学生游客从12个对遵义会议会址进行评模糊价的因子中选择出最重要的5个，并根据选择结果赋予相应的分值，被选次数最多的因子所占权重最大，然后根据各个因子得分占所有因子总得分的比重，得出相应的权数。12个因子所构成的模糊向量为 R=[0.176，0.149，0.149，0.054，0.081，0.014，0.108，0.068，0.149，0.000，0.041，0.011]。

表 3-2　评价因子综合得分及权重

评价因子	位次被选择数					因子总得分	权数
	第1位	第2位	第3位	第4位	第5位		
相关文物的展示	17	17	2	1	0	161	0.176
体悟遵义会议精神的活动	20	14	2	1	0	164	0.149
遵义会议会址的维护工作	17	15	5	0	0	160	0.149
咨询和引导服务	10	18	7	2	0	147	0.054
周边商品开发满意程度	8	13	16	0	0	140	0.081
景区环境卫生	12	23	2	0	0	158	0.014
景点周边的餐饮条件	8	14	13	2	0	139	0.108
景区的拥挤状况	6	13	11	7	0	129	0.068
交通便利和舒适程度	10	17	9	1	0	147	0.149
卫生间和休息室的配置	9	17	8	3	0	143	0.000
其余应急设施	7	16	12	2	0	139	0.041
游客反馈的便利程度和处理的及时性	9	18	10	0	0	147	0.011

资料来源：遵义会议纪念馆的问卷调查（2021年7月）数据。

（四）模糊评价向量的计算

借助模糊变换，采用矩阵乘法，可以得到大学生游客群体对遵义会议会址景区的综合评价：$B=R \cdot M=$ [0.3516, 0.4174, 0.1944, 0.0366, 0.0000]。对上面的综合评价向量进行单位转化，结果为 [0.6057, 0.7190, 0.3349, 0.0631, 0.0000]。

五、评价分析与建议

根据模糊综合评价法的计算结果我们可以看出，"满意"评价的隶属度最大，大学生游客对于遵义会议会址的整体满意度非常高，只有一小部分大学生游客对于遵义会议会址的评价为"一般"，极少部分学生对于会址的评价为"不满意"。为了持续加强大学生的党史教育，积极发挥色革命遗址的作用，针对以上数据和结果，对于遵义会议会址等红色革命遗址的发展，我们提出了如下对策与建议。

（一）保障青年游客体验，开展红色主题活动

在有关遵义会址主题活动和咨询引导服务因素的调查当中，笔者发现有少部分调查对象对此持不满意的态度。为了加强对当代大学生的党史教育，红色革命遗址需要保障游客的个体体验，通过游客在景区的游览，在此过程当中完成对于历史的回顾和党性的教育，红色主题活动在遵义会议会址景区当中的开展程度还有待提高，游客仅仅只是通过观光的方式来参观会址，缺少更深层次的体验活动来加强游客，尤其是大学生游客群体对于遵义会议精神的领悟。

（二）大力开发周边红色产品，积极布局当地特色产业

红色周边产品和当地土特产对于红色景区的意义十分重要，不仅可以通过售卖纪念品的形式延长景区对于人们的教育作用发挥的时间，还可以通过当地特产等的售卖吸引游客，在与市场相结合的背景下提高游客对于景区的好感度，对于景区的口碑传播有重大意义。然而通过我们的调查发现，不少的被调查大学生对于遵义会议会址景区的红色周边产品开发程度持"一般"的态度，一定程度上表明了遵义会议会址的商品开发程度较低，与其余景区并无较大差异，缺乏深度挖

掘，同时在当地土特产的展示与推销上也缺乏一定的力度，导致一部分游客对于景区纪念品的满意程度降低。

（三）加强基础设施建设，高效应对景区人流量变化

在景区拥挤状况这一因子的调查过程当中我们发现，绝大多数的被调查大学生游客对于遵义会议会址景区的拥挤程度表示不够满意，很大程度上反映了景区对于人流量的控制有待加强。同时在卫生间和休息室的配置这一因子的调查当中，近一半参与调查的大学生表示其满意度为一般。景区应该在基础设施上加强建设，缓解改善会址的拥挤程度，提高游客的体验，同时有效应对游客的个人需求，及时休息和补给。考虑到遵义会议会址处于遵义市中心城区，景区面积的扩大可能性较小，但仍应尽可能出台对于景区拥挤程度和基础设施紧张起到缓解作用的举措。

六、结语

由于资源和产品的特殊性，红色旅游呈现"政府主动、市场被动"的发展局面。红色旅游地的经营与管理也大多仅从政府部门需求的角度出发，市场需求和游客满意度往往被忽视，导致红色旅游景区的游客满意度水平不高，景区发展可持续性不强。经模糊评价分析，建议遵义市这类旅游资源自身禀赋较好的城市，应在现有景观的深度开发、旅游资源的协调整合、旅游支撑保障系统的完善等方面予以提升，在旅游发展中注重结合自身资源的特色。同时，从游客满意度视角研究红色旅游地，通过上述从旅游感知视角研究红色旅游地满意度水平，对于提升红色旅游景区的服务和管理水平具有一定实际意义，对大学生党史教育也有一定的现实意义。

作　　者　西北大学经济管理学院本科生　马　飘　赵嘉慧　胡　茜
指导教师　宁赐栋

实践调研案例篇

4 天元之南,耕耘之心
——现代农业公园的石三门片区模式

一、石三门片区模式的含义

为认真落实党中央实施乡村振兴战略的部署,促进城郊与北部片区同步实现高质量发展,创建共同富裕示范区,湖南省株洲市高新区和天元区在职能归并、效能整合的基础上,于2017年在株洲高新区工委和天元区委天元区南部三门镇和雷打石镇的26个行政村、1个居委会、总面积约122平方千米的范围内规划设立石三门现代农业公园,以联村连片方式,以园区发展模式推动乡村振兴、推进共同富裕,构建起了株洲天元区"北有动力谷,南有石三门"的区域发展格局。目前,园区内已建成国家级田园综合体响水园,省级美丽乡村3个,响水村荣获"中国美丽休闲乡村""全国文明村"称号,2021年园区整体纳入了全省首批省级农业产业融合发展示范园创建名单。石三门片区(图4-1)是一种全新的农村发展

图 4-1 石三门片区田园综合体发展模式
(资料来源:调研团队根据公开资料整理)

模式，构建起农村产业发展新格局，整个项目分三期进行开发建设，以响水国家田园综合体为核心，由点及带，由带及片，全面推进园区内一、二、三产业融合发展，将株洲乡村振兴推向新的高度。

二、石三门片区模式的形成背景

株洲高新区（株洲市天元区）的北部是国家级高新技术产业开发区（中国动力谷）核心区所在，设4个街道、1个镇，重点布局工业园区；南部2个乡镇为城郊农村，现已形成株洲石三门现代农业公园，并设立管理委员会。

（一）区位优势

1992年12月，国务院批准株洲市高新区为国家级高新技术产业开发区，与株洲市天元区于2000年底合并为株洲新区。株洲新区现辖4个街道、3个镇（28个村，72个社区），总面积328平方千米，管理服务人口近60万人。2001年，株洲市委提出非均衡发展理念，赋予高新区真正意义上的市级经济管理权限，支持高新区发展。之后的发展过程中，全区狠抓产业项目建设，着力推进科技创新，全面深化改革开放。2020年，株洲高新区营业收入、技工贸收入双双突破2600亿元，综合实力在全国169家国家级高新区排名第34位，在湖南省134家省级以上园区综合排名第2位。天元区地区生产总值467亿元，排全市第2；一般公共预算收入、税收收入分别达84.57亿元、71.42亿元，约占全市1/3强。并先后获评"全国科技创新百强区""全国新型城镇化质量百强区""全国外资吸引力100强县市区""国家级先进制造业和现代服务业融合发展示范区""国家外贸转型升级基地（装备制造）"等多项荣誉，2020年放管服改革、科技投入知识产权强省、产业项目建设等6项工作获得湖南省政府真抓实干督查的激励表扬，荣誉数量创历年新高。

在乡村振兴工作的产业方面，2020年天元区农产品加工业总产值为275.7亿元，占全市近1/4，被表彰为湖南省实施乡村振兴战略先进县市区、湖南省政府真抓实干全面推进河长制湖长制工作成效明显县市区并予以激励。目前，全区有农副产品加工企业52家，其中国家级产业化龙头企业2家、年加工产值超过100亿元的1家、过10亿元的3家。

截至2021年，天元区已有省级美丽乡村5个（砖桥村2015年创建、响水村2016年创建、湘云社区2018年创建、先锋村2019年创建、株木村2020年创建），响水村获评省级精品乡村、全国美丽休闲乡村、全国文明村，雷打石镇被湖南省文明委授予"2020届湖南省文明村镇"称号，三门镇获评"2020年度省级美丽乡村建设示范镇"。

（二）资源禀赋

一是地理交通资源。雷打石镇和三门镇位于湘江西岸，交通十分便利。S329省道贯穿全境并与湘江东岸连通，北侧穿过渌口大桥可以到达株洲市渌口区，雷打石镇与株洲市中心有东侧的湘江大道和西侧的G4京港澳高速相互连通。

雷打石镇建有航电枢纽联络线、S329贯通，三门镇的幸福大道、三安谭线均为5~7米水泥硬化路面，为了石三门片区的整体发展，宽阔的石三门大道在2019年上半年已投入使用。

二是产业资源。石三门片区的乡镇有多品类特色种养殖业基础，村民除了会种植水稻、油菜、莲蓬等，杨梅、葡萄、红薯、猕猴桃、生菜、肉冬瓜、丝瓜、黄金贡柚等种植产业发展起来，逐步通过项目引进培育，打造了松柏杨梅、白石菊花、株木黄桃、湖田猕猴桃、黄田香椿、伞铺红薯等"一村一品"，铁篱黄金贡柚、铁篱红桃、月形西瓜、株木太空香莲正持续扩大规模、引进更优良品种；2020年9月，"三门肉冬瓜"成为株洲首个直通粤港澳大湾区的蔬菜产品，2020年12月获评"粤港澳大湾区深受消费者喜爱的农业品牌"。

在特色养殖业方面，黑山羊、生猪、株木叫驴、鹊山鸡等已经初具规模，黑山羊等已成为乡镇农家乐的招牌菜，株木村的熬胶手艺从明清交替战乱年代一代代传承至今，鹊山鸡是我国历史上特有的优质鸡种，石三门鹊山鸡具有野性和药性的鸡和蛋可作为治疗一些虚弱病症的药引，取得了特殊的效果。由于两镇山塘众多，大小水塘遍布，平时主要用于农业灌溉，同时也适宜发展渔业养殖，目前雷打石镇砖桥村、伞铺村、养鲤村等已经开始组团养南美对虾。

另外，由于临近湘江边，该区域具有发展旅游业的潜力。在两镇辖区内建有航电枢纽工程，水面宽阔，适合开发漂流观光。雷打石镇霞石村中拥有独特的旅游资源——位于湘江西岸悬崖之上的空灵寺。空灵寺始建于公元508年，是我国南方颇具规模和影响的佛教丛林。

三是土地资源。雷打石镇和三门镇是亚热带季风气候,四季分明,雨量充沛、光热充足,无霜期在286天以上,年平均气温16°C至18°C,夏季热而多雨,冬季寒冷且干燥,有较大面积的耕地和水田,适宜种植多品类农作物。雷打石镇境内矿产资源主要为煤炭,主要煤矿为龙岩村境内的龙岩煤矿,耕地面积2.92万亩,其中水田面积2.6万亩,旱地面积0.31万亩;三门镇有耕地面积4万亩,水田面积3.6万亩。

雷打石镇和三门镇主要是丘陵地貌,山林地面积较大,竹林遍布,村民会种植油茶、杉树等杂木林,先锋村已有千亩原生态油茶林基地,响水村已有40亩苗木种植基地,其他各村林地资源逐步发展中。

四是历史文化资源。雷打石镇和三门镇有着丰富的历史文化资源,宋、元以来逐步形成了三个古镇,区域内名人辈出,这里是曾国藩湘军名将故地,也是开国中将刘先胜将军的故乡;传说乾隆下江南曾经住过伞铺村附近,还有遗迹为证。

(三)滞后原因

石三门片区除了它的区位优势和资源禀赋外,其他基础设施、集体经济、乡村治理等方面都是短板,株洲高新区(天元区)南部乡村的滞后发展,对全区城乡一体化发展造成不利影响,成了阻碍全区整体发展的绊脚石。改革开放以来,尽管通过家庭联产承包责任制改革,村民生活、生产水平有一定程度的进步,且雷打石镇、三门镇与株洲市中心仅距离20~30千米,但由于乡村之间交通闭塞、资金贫乏、观念落后,导致发展相当滞后。就像后来被列为一期发展核心区域的响水村,之前村民也经常用"响水不响"来自嘲村里的落后。促进株洲河西城乡融合发展,必须直面落后现实,从根本上加以改变。以响水村为例对过去的情况进行分析,石三门片区各村存在如下共性问题。

一是基础设施还未实现现代化。石三门片区规划之前,响水村交通、灌溉水库、村民建房、卫生环境堪忧。响水村南北长3.5千米,东西宽约1千米。从最南边入村,原来仅有一条2.5千米长的水泥路,3.5米宽,不仅无法会车,而且还是一条断头路;从北边进村就只有一条1米多宽的土路,村内一位老组长曾说过"骑摩托车经过,头上的帽子还经常被树枝挂走"。其余道路均为烂泥路。之前从响水村去株洲市里要绕道三门镇多走12千米,耗时1.5小时。主要灌溉的水库、山塘年久失修,漏水渗水严重,无法蓄水,也没有一个全面的灌溉管网系统,村民灌溉极其不便。村民建房缺少乡镇的统一规划，乱搭无序现象颇多。村中没有规划垃圾倾倒点，也没有像样的垃圾箱，居民垃圾随意倾倒在山塘附近或房屋前后，臭气熏天。

二是集体经济相当薄弱。由于交通和自然条件的限制，尽管响水村离株洲市并不远，但这些年来一直没有引进企业，村上也无力创办集体企业，村集体经济收入几乎为零，村上正常运转全部靠上级拨款，且出现负债。基础设施建设无法推动，民生福利建设也无法实现。

三是村民收入比较低微。一直以来，乡村农业结构单一，农业手段相当落后，始终没有形成一个像样的产业或集体经济形式，没有找到一个符合当地实际又能增加村民收入的发展模式。村民收入主要来自传统种田，或者外出打工，停留在自给自足的水平，生活水平普遍不高，人均收入在 8000 元左右，基本没有什么积蓄，抗风险能力较差。

四是凝心聚势十分乏力。村民法制意识不强，乡风文明程度不高，邻里家庭纠纷时有发生。村上没有文化设施，也基本没有什么文化生活。历年来村"两委"成员不够团结、纪律涣散、矛盾较深、凝聚力不强，党员的先锋模范作用体现不充分。

响水村的问题其实也是两个乡镇共 26 个自然村落的共性问题，是阻碍天元区南部整体发展的首要问题，要解决这些问题必须开辟新思路，依托原有的区位优势和资源禀赋，创建一种新型的农村发展模式。

三、主要做法

2017 年，天元区开始构建以雷打石镇、三门镇为核心的石三门片区，规划设立石三门现代农业公园。4 年来，区内相继出台了促进现代农业项目招商引资、鼓励现代农业产业发展、引进培育现代农业人才、推进新兴优势产业链投资促进工作整合、建设区域党建联合体、推进美丽乡村（田园社区）建设、建立农业特色保险、鼓励畅游乡村等一系列扶持政策，有力地促进了石三门现代农业公园产业的发展。2020 年，天元区将三门镇和雷打石镇相邻的响水、月福、株木、铁篱、伞铺、先锋 6 个村调整设为石三门现代农业公园核心片区，以"三统筹四优先"的政策重点保障石三门核心片区优先发展，形成示范带动效应。2021 年 2 月，成立株洲石三门现代农业公园管理委员会，强化石三门园区核心片区产业发展规划，明确产业发展目标与定位，大力实施项目驱动与服务支撑工程，积极推动基础设施配套建设，打造月福农产品加工示范园和石三门产业融合示范园，引进物联网植物工厂等，着力实现农业产业融合发展、打造宜业宜居环境，切实推进农业农村现代化，促进乡村振兴战略部署的落实。

（一）以产业振兴促现代农业长足发展，推进乡村产业现代化

石三门现代农业公园建立的最终目标是形成"北有动力谷，南有石三门"的区域发展格局，将都市农业、休闲农业和特色精品农业打造出来，构建"一二三三"产业融合发展的现代农业体系，使地区经济强起来、村民富起来。2020年，天元区举办了株洲石三门现代农业公园首届农民丰收节，获得湖南省电视台等多方面报道，使农民共享丰收的快乐。石三门管委会在2021年2月成立，开始着手制定《石三门现代农业公园核心片区三年行动方案》，用"64321"总体目标来完成三年行动。"64321"总目标中，"6"是指核心区6个村全部创建成省级美丽乡村；"4"代表要创建4个省级及以上品牌，即以6个村为核心创建省级及以上农村产业融合发展示范园（国家级三批均已创建完毕），以响水村、月福村、株木村为核心创建国家级田园综合体，以6个村为核心创建省级现代农业产业集聚区，以响水村为核心创建文旅休闲产业示范区；"3"是要创建3个及以上省级现代农业特色产业园；"2"是指以铁篱村、月福村为主创建2个农产品加工园；"1"是到2023年，把石三门现代农业公园45平方千米的核心片区，建成现代农业产业集聚、产业特色明显、基础功能配套完善、产业融合度高、集体经济不断壮大、农民持续增收的国家现代农业产业示范园。

（二）以生态振兴焕发美丽乡村新风貌，推进乡村生态、生活现代化

石三门片区农村人居环境在持续改善中，农村基础设施逐步升级建设，将稳步推进美丽乡村建设，使乡村展现新风貌。石三门片区在全域推进农村人居环境整治和乡村绿化美化工程，使得乡村生活现代化、乡村生态现代化。目前，行政村建立农村生活垃圾治理长效机制和垃圾处理农户付费制度，推广率为100%，全面推行农村生活垃圾分类减量。自然村11.26千米水泥路及石三门大道3.3千米水泥路面建设全部完成，建设成15千米村建区补村道，为临水临崖隐患路段建设

永远跟党走 青年乡村行

安全护栏共 5000 余米，确保交通通行安全。在三门镇株木村上橙大道打造了一条精品绿化线路，绿化长度为 4345 米，设计种植水杉 1088 株。在湖南省委农村工作领导小组发布的表彰通报中，三门镇荣获省级美丽乡村建设示范镇，响水村荣获省级美丽乡村精品村，株木村荣获省级美丽乡村示范村称号。目前，石三门片区共建成省级美丽乡村 3 个，2021 年园区整体纳入全省首批省级农业产业融合发展示范园创建名单。

（三）以文化振兴凝心聚力，推进乡村文化现代化

石三门片区各镇各村逐步强化基层文化建设，丰富基层文化活动，同时促进乡村文旅产业发展，奋力推进乡村文化现代化。在核心片区县级以上文明村、美丽乡村的占比 1/2，全片区行政村综合性文化服务中心覆盖率 100%，农村文盲率小于 5%，公共服务场所覆盖率进一步提高，已初步形成布局合理、覆盖全面的区、镇（社区）、村三级公共文化服务设施网络。天元区从多渠道筹措资金，使各镇（街道）、村（社区）文化活动中心逐步建设起来，农家书屋建成数量稳步增加，越来越多的村民自发自愿走进农家书屋。首届农民丰收节的成功举办体现出乡镇村民对民俗文化活动的需求。在文化活动方面，以"送戏送书画下乡"为依托开展公益演出活动，打造了"欢乐潇湘·幸福新区"群众文化活动、"读书月"全民阅读活动、"百姓大舞台"群众文化活动及"动力起航·畅游乡村"汽车集结赛等文化品牌，不断提升群众文化服务品位。结合基层文化特色及群众日益增长的文化需要，集思广益开展各具特色的基层文化活动。

（四）以组织振兴构建乡村发展新动能，推进乡村治理现代化

在组织振兴方面，石三门片区以全面优化基层队伍、推进基层高效治理为目标，持续推进乡村治理现代化。全片区创新基层治理方式，在高质量、高标准完成村（社区）"两委"换届的基础上，开创出联村党委的治理模式，以党建联合带动经济联合。全片区研究制定《关于建设区域党建联合体，引领乡村振兴的实施方案》，成立三门镇响水区域联村党委、雷打石镇先锋区域联村党委，实现组织联建、规划联定、发展联动、社会联治、服务联推，联合打造幸福石三门品牌。拓宽基层干部来源渠道，优化基层干部队伍结构，2016—2021 年开展了 3 次乡镇领导班子成员比选，从优秀村（社区）党组织书记、选调生、大学生村官、乡镇事

业编制人员等基层干部中,选拔出 10 名基层干部走上领导岗位。

(五)以人才振兴为乡村发展释放新活力

石三门片区在人才引进的基础上,奋力挖掘培育本土人才。全片区对现有人才分行业分类别进行基础信息统计,优化引进机制,秉持"不求所有,但求所用"的原则,结合乡村发展前景和乡村振兴需求,重点引进具有农业种养技术、农机智慧操控、农企管理经验的优秀中青年人才,实施《天元区关于鼓励引进培育现代农业人才若干措施(试行)》,借鉴本地农业头部企业的人才引进经验,促进石三门片区人才引进,提高人才引进质量。全片区努力挖掘本土人才,破除了"唯学历、唯职称、唯论文"等固化人才评价标准,切实转变"重物轻才"的陈旧思想,鼓励天元区区内农业企业、专业合作社举荐在石三门片区农村范围工作的"土专家""田秀才",按技能人才标准进行认定,即参照高级技师、技师、高级工三个层次评审,不限制年龄和证书,2 年内最高给予 3.6 万元的生活补贴。针对石三门片区农业发展提出了定向培养的培育人才方式,天元区内农业企业、专业合作社可根据自身发展的农业技术人才需求,向农业农村部门举荐定向培养的本区农村户籍应往届高中毕业生,在限定名额内筛选优秀者为农技特岗人员,定向到省内高校现代农业技术专业学习并参加普通高校招生考试入学,毕业后造福家乡,培养造就一批有文化、懂技术、会经营、能创新的新型职业农民,为石三门片区的发展持续注入新鲜血液。

四、评价与借鉴

石三门片区因地制宜,融合一、二、三产业、突出特色、突出绿色生态进行乡村振兴,核心片区成效卓著,已逐步辐射雷打石镇和三门镇的其他村落。总体而言,石三门片区模式是当地政府以打造现代农业公园为载体而推进农业农村现代化的一种实践探索,虽然在发展中仍存在些许不足,但其规划和实施措施能够为全国类似乡镇的整体发展提供经验,具有较强的借鉴意义。

(一)价值与意义

以实际行动落实前瞻性思维,持续推进促发展。株洲市天元区 2017 年就开始

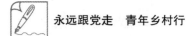

规划石三门片区，石三门现代农业公园的雏形显现，转变资源为优势，具有前瞻性。4年来，天元区持续推进现代农业公园的建立，协调各部门，增加优惠政策，逐步构建起了株洲天元区南部乡村产业发展新格局，2021年园区整体纳入湖南省首批省级农业产业融合发展示范园创建名单，发挥出当地政策的稳定性、持续性和高效性。

适时创新管理机制。天元区委、区政府成立了株洲石三门现代农业公园管理委员会，抽调专人办公，建立领导牵头、镇村联动、部门协作机制，强化了核心片区产业发展规划，更加明确产业发展目标与定位，大力实施项目驱动与服务支撑的工程，基础设施配套建设步伐加快，石三门现代农业公园终于建成。作为天元区委、区政府的派出机构，石三门管委会全权负责和协调石三门片区的发展进程，在基层组织建设上形成一种新的机制、新的协调办法，具有极高的价值和较强的借鉴意义。

总目标引领整体发展。石三门现代农业公园核心片区因地制宜地制定了总目标，强化规划引领和政策调控，统筹推进石三门核心片区基础设施配套提质、现代农业产业合理布局，农业、文旅项目招商引资等重点工作，村民实实在在地享受到乡村振兴战略带来的实惠，乡镇基础设施建设更加完备，实现农民增收，生态环境和人居环境迅速改善，发挥了产业振兴在脱贫攻坚、乡村振兴中的重要作用。

（二）局限性

就目前发展而言，还存在以下问题：第一，土地流转成效欠佳，各村中仍有大量农田未被合理利用，造成资源浪费和生态环境破坏的同时，部分村民仍无法走上发家致富的道路；第二，由于石三门核心片区基本农田及生态红线占用面积大，导致集体建设用地指标严重不足，可能会造成为后期规划的休闲农业产业项目无法落地；第三，石三门片区各村农产品种类多、产量大，但由于缺乏供应链建设和外销渠道，在其招商引资规划中缺乏对物流企业引入，使得农产品外销成本大，农民利润微薄，使大多数农产品还停留在本镇销售；第四，石三门现代农业公园缺乏环道建设，就目前的道路建设而言，要更高效地联结各村各镇与石三门现代农业公园，还需要新建、改造现有道路，使之联通形成外环和内环；第五，还未充分利用互联网平台，建议利用直播卖货渠道，在带领网络消费者深入感受产品培育、加工、生产环境的同时,给消费者带去绿色、健康、安全的产品体验,提升产品吸引力。

作　　者　西北大学经济管理学院硕士研究生　曹露露
指导教师　王颂吉

5 蜀河古镇景区带村模式案例研究

一、景区带村模式

蜀河古镇历史悠久,是古蜀国所在地。蜀河古镇景区带村模式,主要依托于蜀河镇古建筑群的旅游资源,在古镇街道上由居民经营许多服务类场所,通过共享古镇发展集聚的人气和客源市场,实现景区与小镇共同发展。在古镇上经营服务类场所,本质上通过了合理利用古镇资源实现自主创业,解决古镇就业内生动力问题,一方面促进了古镇居民的生活改善,另一方面有利于实现对周边农户的带动效果。景区的标准化建设带动小镇基础设施建设,促进美丽乡村建设,最终实现景区与小镇共同发展。景区带村作为一种重要的扶贫模式,带动景区周边农户的经济增收,创造生态效益,增加扶贫成果,助推实现乡村振兴战略。

二、蜀河古镇景区带村模式的形成背景

(一)自然条件优越

蜀河古镇位于蜀汉两水交汇之处,地处两省三县交通枢纽,地理位置十分优越。西达川汉,北上关中,南下鄂西,东进中原,是汉江上游重要的物资集散地和商贸重镇,素有"小汉口"之美称。同时,蜀河古镇依山而建,古镇旁边就是汹涌澎湃的汉江,自然条件优越。沿蜀河古镇的街道而行,可见到一边是万家灯火、软红香土,另一边却是河水一泻千里,让游客交错在繁华与静谧当中,流连忘返。

(二)历史文化底蕴深厚

蜀河之名,最早可推至西周建立之初,周武王封藩屏周时,封蜀国于河南南阳以北,贫穷积弱的蜀国迫于楚国扩张,率民西迁,曾在此停留,故因此得名。

后随历朝更迭，蜀河名称亦因师改称。但一直是县郡所在地。从古至今，这个仅0.8平方千米的"弹丸之地"，曾演绎过整治、经济、文化的辉煌历史，成为兵家必争之地和商家必经之路。蜀河古镇自古即为汉江航道的航运重镇，是汉江航道上的重要经济中心。古镇人文景点众多，文化积淀厚重，自古以来就是一个开放的口岸。明末清初，商品经济日趋发展，湖广移民大量迁入，汉江黄金水道进入鼎盛时期，四方客商纷纷在此定居经商，建商号、开当铺、设钱庄百余家。他们的到来，也促进了蜀河文化繁荣兴盛。为便于聚会和联系，各地客商纷纷依原籍建馆结社，根据不同信仰、不同地域在雄关险道上建起足以令蜀河人引以为豪的众多会馆寺庙。这些不同时期、不同地域的建筑风格和行业特征，具有极大的游览价值，为蜀河古镇景区带来许多旅游客源，极大地带动了附近村镇的经济发展。

（三）当地政府的努力

2020年11月13日，旬阳县①人民政府办公室出台《关于保障5G网络基础设施建设的通知》，其中指出，要统筹5G基站、局房、管网等需求，结合国土空间规划科学编制5G站址规划，将5G基站站址规划纳入城市控制性详细规划，将5G网络建设用地需求纳入年度计划，简化用地审批流程，合理安排用地，加快产权登记办理。加强基础设施建设在2021年"五一"期间，蜀河古镇迎来旅游热潮。根据2018年旬阳县文广旅游局年度财政预决算表（表5-1），可以看出当地政府在文物保护方面非常重视，这也为蜀河古镇保留古镇原貌，发展古镇旅游提供基础保证。

三、蜀河古镇景区带村模式的具体做法

（一）建立良好的扶贫旅游机制

良好的旅游扶贫机制，主要包括制度保障、旅游扶贫项目的决策、景区与农民参与意愿及程度、利益分配等，贯穿整个景区带村的扶贫系统。蜀河镇认清政府在景区带村旅游扶贫发展模式中的主导角色，承担制定战略规划、组织落实政策、协调处理问题、提供各项保障的职责。在充分激活地方人力、物力等资源优

---

① 现为旬阳市，2021年1月20日国务院同意撤销旬阳县设立县级旬阳市。

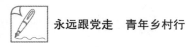
永远跟党走　青年乡村行

表 5-1　2018 年旬阳县文广旅游局年度财政预决算

编制单位：旬阳县文广旅游局（汇总）　　　　2018 年　　　　批复 02 表　单位：万元

功能分类项目编码	科目名称	本年收入合计	财政拨款收入	上级补助收入	事业收入	经营收入	附属单位上缴收入	其他收入
	合计	2,713.13	2,513.13	0.00	0.00	0.00	0.00	200.00
207	文化体育与传媒支出	2,713.13	2,513.13	0.00	0.00	0.00	0.00	200.00
20701	文化	1,001.44	1,001.44	0.00	0.00	0.00	0.00	0.00
2070101	行政运行	491.96	491.96	0.00	0.00	0.00	0.00	0.00
2070104	图书馆	111.94	111.94	0.00	0.00	0.00	0.00	0.00
2070108	文化活动	35.00	35.00	0.00	0.00	0.00	0.00	0.00
2070109	群众文化	283.04	283.04	0.00	0.00	0.00	0.00	0.00
1070199	其他文化支出	79.50	79.50	0.00	0.00	0.00	0.00	0.00
20702	文物	423.01	223.01	0.00	0.00	0.00	0.00	200.00
2070204	文物保护	200.00	0.00	0.00	0.00	0.00	0.00	200.00
2070205	博物馆	223.01	223.01	0.00	0.00	0.00	0.00	0.00
20704	新闻出版广播影视	1,245.68	1,245.68	0.00	0.00	0.00	0.00	0.00
2070404	广播	285.50	285.50	0.00	0.00	0.00	0.00	0.00
2070405	电视	855.28	855.28	0.00	0.00	0.00	0.00	0.00
2070406	电影	1.10	1.10	0.00	0.00	0.00	0.00	0.00
2070499	其他新闻出版广播影视支出	103.80	103.80	0.00	0.00	0.00	0.00	0.00
20799	其他文化体育与传媒支出	43.00	43.00	0.00	0.00	0.00	0.00	0.00
2079999	其他文化体育与传媒支出	43.00	43.00	0.00	0.00	0.00	0.00	0.00

注：本表反映部门本年度取得的各项收入情况。

资料来源：旬阳县文广旅游局官网。

势的同时，拓宽旅游产业链，建立帮扶农民从"一产"向"三产"转移发展的长效机制，并建立中间调和机制以稳定景区与村民之间的利益关系。除此之外，政府出台制定景村环境资源保护、景村发展规划、景村基础设施与旅游接待设施建设等方面制度。同时，为防止村民返贫，政府和景区在扶智与扶志上对乡村出台贫困人口甄别、技能培训、参与利益分配、利益补偿等激励政策，同时为乡民扶贫项目给予财政支持及政策保障。

（二）加强基础设施建设

蜀河镇当地基础设施不完善，在水运衰落的背景下，原有的交通优势荡然无存。近年来，当地政府依托地区资源，通过对老街道排水管道改造，铺设青石板路,安装路灯,新修停车场等一系列措施改善了当地的交通条件。自2017年起,蜀河镇各村庄基本实现水、路、电、网"四通"。基础设施的改善有效打通地域壁垒,便利了农户外出务工、产业引进与产品外销等,有助于降低社会资源对农户生计脆弱性的影响。同时正在进行的蜀河大桥拆除修缮工程也将在完工后极大地改善当地的交通状况,便利往来人员到古镇游览观光,感受历史文化底蕴。在政府的组织领导下,当地商业迅速发展,在景区内兴办多家农家乐和饭店,建立了游客接待中心,地区商品经济迅速发展,旅游接待能力逐步提升,各项基础设施也在不断完善。根据2018年旬阳县文广旅游局数据(图5-1)可以看出政府投入力度之大。

> 2. 一般公共预算财政拨款支出情况。
>
> 2018年度一般公共预算财政拨款支出2513.13万元。其中:20701文化支出1095.51万元(2070101行政运行529.73万元、2070102一般行政管理事物了万元、2070104图书馆121.19万元、2070108文化活动40万元、2070109群众文化289.98万元、2070111文化创作与保护32.11万元、2070199其他文化支出79.5万元),主要用于全县群众文化活动、文化市场管理等;20702文物支出287.09万元(2070204文物保护108.02万元、2070205博物馆179.07万元)只要用于全县文物保护、管理工作;20704新闻出版广播影视1380.53万元(2070404广播285.5万元、2070405电视1000.33万元、2070406电影1.1万元、2070499其他新闻出版广播影视支出93.6万元),主要用于全县广播电视事业发展、维护工作及影院补助等;2079999其他文化体育与传媒25.8万元,主要用于全县文化及广播电视业务工作。

图5-1　2018年旬阳县文广旅游局一般公共预算财政拨款支出情况

(资料来源:旬阳县文广旅游局官网截图)

(三)提高当地人的主动参与意识

作为"政府+景区+农户"旅游扶贫模式中的运营者和主导者,景区应充分发挥辐射作用,同时充分认识到景区的发展离不开合理组织当地的人力、物力和财力,更离不开当地自然资源与文化环境。景区周边村落及环境是景区资源的外延,是游客在景区观光休闲和体验民俗风情、田园风光的承接区域,是景区必不可少的大环境。景区发展的外部环境,必须获取当地村民的支持和积极参与,旅

永远跟党走　青年乡村行

游扶贫是中国特色的景区发展使命。

蜀河古镇在当地旅游产业发展上，鼓励本地居民办餐馆、饭店等，为景区游客提供服务，同时也提倡当地人积极参与景区工作。但目前发展程度不高，仍需要当地政府与居民协商发展，调动居民的积极性，为居民提供良好的有针对性的帮扶政策，让居民能够主动自觉成为地区旅游发展的代言人和文化传承人。

（四）提供造血式扶贫策略

目前景区带村模式下乡村旅游的发展需要乡村贫困人口合理融入旅游业，一方面解决就业问题并增加收入，另一方面让当地人能真切感受到乡村旅游发展带来的好处。由当地政府牵头，通过组织工作人员、村干部、地方院校、景区、企业等各类资源，积极开展知识宣传，围绕农村资源、乡土文化、农旅服务等开展各种实践技能培训，开阔贫困村民的眼界，扭转对旅游的态度。同时通过项目优化、财政优惠等政策，对口帮扶部分有生产经验的农户参与到农旅产业链中，如开设乡土餐饮店、民宿客栈、土特产商店等，推动传统农业生产向现代农旅业转型，优化乡村劳动力结构，提高贫困村民素质，从根本上提升景区带村的可持续发展能力。

四、评价与借鉴

景区带村是指在景区内部或附近的贫困村落，分享景区发展聚集的人气及客源市场，同时结合自身特有的乡土资源、人力资源等开展乡村旅游活动，从而实现景区与乡村共同发展。景区带村的运营需以"政府＋景区＋农民"为主的扶贫模式。景区的发展离不开周边乡村田园风光、民风民俗等自然及人文环境资源的烘托。而景区发展带来的旅游效应又必然辐射邻近乡村，带动周边农户开展住宿接待、餐饮接待、土特产品销售等一系列活动，可以为当地农户提供多样的创业机会和就业岗位，从而带动乡脱贫致富。同时，景区带村也是将景区开发与贫困乡村建设统一融合的一种发展路径，利用景区辐射作用，构建乡村旅游产业链，打造开放型、体验型、休闲型乡村旅游综合区。通过"农业＋旅游""文化＋旅游""体育＋旅游"等渠道促进乡村产业多元融合发展，带动贫困乡村经济发展。

长期以来，我国农村的发展问题一直未能得到妥善解决，保护环境和发展经济似乎成了不可兼得的选择。同时乡村地区交通不便、人流量少、发展工业基础薄弱、基础设施建设不健全等因素阻碍乡村发展。而许多乡村地区旅游资源丰富，历史文化底蕴悠久，在城市化进程日益加快的今天，乡村成了人们心里的一块净土。从2016年国家旅游局提出"景区带村"这种发展模式到今天，越来越多像蜀河这样的小镇在现代化建设的进程中找到了一条正确的道路。这不仅是对中央政策的贯彻落实，还是各地在结合当地条件下做出的明智之举，对于乡村振兴具有较大的推动作用和借鉴意义。

作　　者　西北大学经济管理学院本科生　吕　伊　罗怀明　许芸潇　邱碧媛　吴　馨
　　　　　　　鲜盛东　鱼仁强　李佳鸿　吴昌根

指导教师　余　洁

6 仁河口镇景村一体发展模式案例研究

一、发展模式简介

安康市旬阳市仁河口镇景村一体发展模式是以当地山水风光为依托，着力于打造食住行一体化的乡村度假中心，落实乡村振兴战略的乡村发展模式。该镇计划发展高端民宿，以周边 3A 级崩云峡谷自然景观、稻田以及小龙虾养殖为依托，吸引周边市县游客度假观光，以增加当地收入。该地以"侯山湖—水泉坪—王莽山"为一体推进规划布局，旅游大道、山体绿化、水系绿化、义务植树等已相继完成，初步形成了峡谷、稻浪、山水等景观，村内基础设施发展较为健全。除此之外，在发展景村一体的同时，更多兼具专业知识和乡土情怀的年轻领导干部被培养起来，不断为当地发展贡献力量。

二、仁河口镇"景村一体"模式的形成背景

仁河口镇地处秦岭腹地，为台阶状及河谷形地形，降雨充沛，森林覆盖率高。河流灌溉良田，拥有大量可供劳作耕地，生产出优质的油菜、水稻、玉米、板栗等农产品。山水交相辉映，风景优美如画，宛如世外桃源般的乡村景观为发展乡村旅游奠定了基础，加上近年来乡村振兴战略大力实施，为发展乡村旅游提供了机遇，而乡村旅游也是乡村振兴的重要引擎。

仁河口镇辖仁河口村、桥上村、水泉村、王莽山村、瓦屋场村、枫坪村、段家沟村、方家湾村 8 个村委会，共 64 个村民小组。仁河口镇是旬阳市乡村振兴首批试点镇，仁河口镇水泉坪村等 9 个村被列入国家乡村旅游扶贫重点村，水泉坪村被命名为全省旅游示范村。仁河口镇依托当地的稻田风光和生物资源，建设特色千亩稻油轮作基地、百亩荷塘、猕猴桃采摘示范园；建造崩云峡谷景点，游客

穿越山间小径欣赏美景的同时感受蕴藏其中的当地文化。仁河口镇以水泉坪 3A 级景区为依托，以打造国家 4A 级旅游景区为目标，按照"侯山湖—水泉坪—王莽山"为一体规划布局，着力打造休闲旅游区、特色民俗文化体验区、精品农业发展区，推动全域旅游多点提质发展。

当前乡村旅游追求短期利益，导致乡村千篇一律、失掉原真性，资源景观遭到破坏等现象时常发生。因此，如何协调发展乡村与景区，构建宜居宜业的可持续发展的乡村旅游是亟待思考的。经过实地考察及经验借鉴，仁河口镇推行将乡村与景区当作一个整体系统，通过资源配置与各方利益协调，实现空间互应、要素互补、资源共享、利益互显的景村一体发展模式。

三、仁河口镇景村一体模式的主要做法

（一）加强设施建设，改善人居环境

截至 2021 年 7 月，5.8 千米旅游大道已建设完成，新建及维修整治农村各类道路 30 千米，新规划建设仁河四桥；新建 2 处备用水源，让群众能够喝上干净卫生的自来水；落实河长制，加强江畔农户畜禽管理，完成山体绿化 1279 亩、水系绿化 3.8 千米，栽种有观赏价值和经济价值的精品桃树、花卉、观光油菜等 3000 余亩，完成义务植树约 6 万株；重点实施农村庭院环境整治 5500 平方米，新设置垃圾箱体 10 个，健全常态化保洁制度并实行网格化管理；全面启动"三清一改"村庄清洁行动，组织社区群众集中开展环境整治。

（二）先行先试，党员干部发挥示范带头作用

仁河口镇从事旅游业的人大代表共有 12 人，都致力于通过旅游产业带动农民增收。如他们或带头改造传统民居，打造特色民宿，兴办农家乐，同时种植油菜花及各类花卉，大大增强了对游客的吸引力，受益农民。或运用农民合作社的模式，吸纳稻米、油菜、银杏种植户入社发展乡村产业，供销特色有营养的水泉坪御米、富硒菜籽油、古树白果，丰富旅游产业链产品供应。

（三）项目引领，打响当地品牌

仁河口镇以当地优质的自然资源和人文景观为依托，以水泉坪景区为主要发

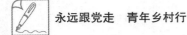

展动力，打造富有仁河特色的品牌。政府积极投资，调动乡贤力量的同时注重招商引资，充分利用社会资本建设。注重政府领导，组建水泉坪乡村振兴试点示范工作领导小组、试点示范区管委会和试点示范工作咨询领导小组的三位一体工作体系。完善考评机制，有序推进水泉坪乡村振兴试点示范工作建设，打造示范标杆。

（四）推出特色产品，提供高质量服务

仁河口镇组织开展农家菜厨师培训班，力求为游客提供保质保量的精品农家菜，用特色的农家美食抓住游客的胃，留住他们的心。比如吃一口就唇齿留香的用水泉坪自收大米磨浆发酵制作的米浆馍、村民自创的凉拌魔芋等，所有原料均为自家种植，无添加剂。以猕猴桃、拐枣、柿子、甜杆为原材料酿成的特色酒更是让游客难以忘怀。同时，美观大方的环境、经济实惠的价格、较完善的娱乐设施等，都大大增强了游客的体验感。

（五）因地制宜，促进资源有效利用

仁河口镇始终依托当地各类资源，对当地资源合理开发，进行最大限度的有效利用。在景村一体建设过程中，该地牢牢把握已有的山水资源，合理开发。在此基础上，进一步完善小微企业与群众的利益联结机制，积极引导群众进行创业，发展农家乐等具有当地特色的产业，为广大村民提供就业岗位和增收途径。

（六）加强人才队伍建设，促进人才回流

仁河口镇在发展景村一体过程中积极创造就业岗位，培养村民创新意识。同时，坚持和引进外来人才、培育本地人才，强化政策扶持，吸引产业能人投资兴业，促进当地产业向好发展。此外，该地还加强人才建设，组织村干部学历提升，培养前瞻意识，积极促进年轻血液注入领导队伍中，培养既有专业知识又具有乡土情怀的领导集体。

四、案例总结评价及借鉴意义

仁河口镇位于秦岭腹地，气候温和，拥有多样化的丰富植被和充足的水资源。

该地景村一体发展模式因地制宜，有充足的资源为依托，在优化村内基础设施和生态环境的同时吸引游客，提供大量工作岗位，增加了村民收入。在景村一体模式的基础上，该村计划发展高端民宿度假中心，以吸引周边市县居民在此消费，提升该地知名度，促进该地经济发展。除此之外，在景村一体模式建设过程中，该地牢固树立"绿水青山就是金山银山"的理念。在最大限度保护自然生态环境的条件下，着力改善农村人居环境，新建并维护整治各类农村道路，实现了生态、产业、人居的共同发展。据了解，接下来，仁河口镇将以实现"产业兴旺、生态宜居、乡风文明、治理有效、生活富裕"目标为统揽，优先保护生态环境，按照"一年打基础、两年见成效、三年出成果"的目标定位，农旅融合的发展思路，努力打造全县乡村振兴第一示范点，树起示范标杆，率先探索有特色、有亮点、可复制、可推广的典型经验，为全县乡村振兴提供科学依据。

同时，该地景村一体发展模式对其他地区乡村振兴发展也有一定的借鉴意义。首先，因地制宜发展产业。各地可依据当地不同的自然环境和人文状况，依托原有优势，在原有的基础上发展当地各类产业。其次，培养带头致富的人才。仁河口镇依托当地优越的区位条件，在发展建设景村一体的过程中，不断优化当地环境、促进当地经济发展，坚持引进外来人才，培育本地乡土人才，吸引外在务工人士回乡发展，积极为当地发展争取人力资源。

该镇多举措引客、留客，依托好山美景这一优势资源，让更多的回头客在赏花游景品美食的过程中带动全镇乡村旅游的新热潮，使全域旅游成为发展经济、群众增收的"新高地"。而这些举措也为更多地区提供了发展新范式。

作　　者　西北大学经济管理学院本科生　吕　伊　罗怀明　许芸潇　邱碧媛　吴　馨
　　　　　　鲜盛东　鱼仁强　李佳鸿　吴昌根

指导教师　余　洁

7 南丰社区中心综合治理模式案例研究

一、南丰社区中心简介

南丰社区中心是浙江省绍兴市上虞区在百官街道设立的首个社区中心综合体。同时成立了社区中心党委,是实现政府职能下移和社区资源整合的新型社区民生服务综合体。

作为社区中心,南丰有效解决了老龄化、贫困户、社区安全等各类发展中的问题,通过党建引领、数字赋能,推进区域内资源整合、服务共享,打造数字赋能城市社区治理南丰样板。以数字化、系统化、人本化为基础,按照追求资源共享最大公约数的设计,集商业服务、公共服务、政务服务、养老服务等功能为一体,致力打造"15分钟生活圈",辐射周边半径1.5千米范围内的6个社区约4万人口;提供党群服务、便民服务、文化服务、生活服务、公益服和个性化服务"5+X"服务清单。

南丰社区中心通过建立新型社区综合治理体系,推进基层社区资源整合,下放政府权力,推动基层社区服务便利化,满足群众基本需求。同时,提高为居民服务的质量,提高居民幸福指数,进而推动社区治理。

南丰社区中心通过社区中心提升生态环境、教育体育、医疗养老等公共产品质量,健全公共就业创业服务和社会保障体系,使得公共服务更为优质均衡。2021年南丰社区中心成功被列入浙江省新一批"未来社区"建设名单,将在其原有基础上顺应社会治理现代化的新趋势继续整合升级,其工作模式也有望作为典型案例在上虞区推广,并为全国的基层治理提供参考。

二、主要做法

通过聚焦城市基层治理力量分散薄弱、功能不全、效率不高、末梢不畅等问题，上虞区积极探索创新，推出上虞区首个社区中心综合体——南丰社区中心社区治理模式，着力打造城市社区党建新窗口。南丰社区中心治理模式的主要做法有以下几方面：

（一）"一体两翼多细胞"基层治理模式（图7-1）

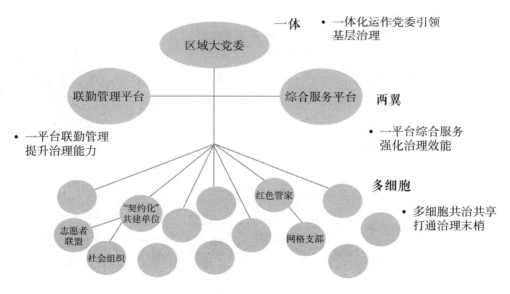

图7-1 "一体两翼多细胞"基层治理模式

（资料来源：调研团队根据公开资料整理）

1. 一体

一体，即一体化运作，南丰社区成立中心党委制度，在街道与社区之间设立区域性大党委，街道党工委成员兼任社区中心党委书记，统筹协调党委各项工作；党委专职副书记具体负责党委及中心日常事务；各社区党总支书记、中心功能性党总支书记、派出所副所长等兼任党委委员，协调处理社区网格事务。南丰社区大党委以其在基层治理中的核心领导作用，引领六大社区党组织和共建单位党组织协同开展社区工作，推进支部建在小区上，构建起"社区中心大党委—社区党总支—小区（网格）党支部"三级党建架构。

设立大党委让社区事务在上报到街道前就能得到解决，社区党总支搭建起沟通基层和社区中心的桥梁，网格党支部深入群众，了解居民需求、解决居民问题。三级架构共同作用，以提高社区治理效率和社区服务质量，同时将权力下放，一定程度上减轻了街道的工作压力。

2. 两翼

南丰社区中心的两翼为综合服务平台和联勤管理平台。南丰社区从衣食住行到幼托、学习、医疗、养老等方面以全生活链、全参与链的社区服务导向，构建了综合服务平台。

在基本需求方面，社区内部设有便民服务中心，提供各类政策咨询和医保、社保办理等服务。卫生服务站不仅能够为社区居民提供基本的医疗服务，还会定时在社区内进行健康知识宣传，居民不用去大医院，在社区就能打疫苗。儿童活动中心设有各种儿童游乐设施，并开展各种有益儿童身心健康的公益活动。爱心驿站设咨询台、家电维修、便民服务等窗口，为周边社区居民提供服务。综合服务平台为社区居民提供基础的服务，解决日常生活中最低层次的需求。

在生活服务方面，社区还设立有健身活动室、居家养老中心等，满足居民更高层次的生活需求，提高居民的生活水平。社区设立"幸福聊吧"，为居民提供饭后闲谈、小憩的休息场所，也可以为解决家庭矛盾提供空间，帮助促进家庭和谐。社区定期开设免费的古琴和书法、音乐课程，老年人闲暇时交流心得和集体演奏各种乐曲，缓解孤独，丰富生活。居家养老中心每天都会开设各种各样的课程供老人报名，如越剧、太极、普通话、绘画、舞蹈、手工等，帮助老人学习技能和提升内在修养。养老中心还提供康复训练服务和托管服务，将子女长期外出，身边又无人照顾的老人接来中心照顾，保证老人的安全和健康。

在商业服务方面，南丰社区也引入部分商业店铺来满足社区居民的消费需求。大通超市和舜汇市场是居民购买日常生活用品以及食物的地方，通过每天公示食物来源和价格的方式对质量进行监测，有效保障社区居民的食品健康和利益。如果有需要，社区居民也可以选择免费送货上门服务，真正做到满足生活需求。社区内还开设新华书店，让居民在社区内就能买到心仪的图书，感受到阅读的氛围，也为学生和上班族提供自习的场所。另外，社区内餐馆、花店、眼镜店等商铺共同构成了一个小型商圈,也为社区居民的生活带来便利。

南丰社区中心推进多方联动,保障居民生活,配建联勤管理平台。

南丰实行平安联创、矛盾联调、警务联勤、网格联动、物业联评"五联工作法",有效整合公安、行政执法、市场监督、消防救援等行政力量以及三师三员、两代表一委员、应急救援、物业协会、义警组织等社会力量,探索推出 AB 调解、物业管理"双向联评""平安积分银行"、平安创建"一单一码"等一系列载体和做法。建立健全了日常巡查、矛盾联调、会商研判、应急联动等机制。

两翼力量由社区中心大党委领导开展工作,进一步整合资源,真正形成上下联动、协作共进的社区格局和齐抓共管、反应迅速、高效协同的治理格局,以提高治理能力和强化治理效能。

3. 多细胞

南丰社区中心的多细胞,即共建单位、志愿者联盟、社会组织、红色管家、网络支部等多重力量共治共享打通治理末梢。

南丰社区在区域的小区中建设小区红管家党支部,推动小区红管家党支部委员和业委会成员交叉任职,建设红色物业,打造小区红色管家,以小区红色管家将服务延伸到家家户户。

(二)数字赋能

南丰社区中心整合"一警三推送""四个平台""智慧小区"等系统平台,建设南丰社区中心综合信息指挥室,构建整体智慧体系(图7-2)。

南丰以数字化、信息化为治理理念,利用数字信息及时、便利优势,设立基层治理综合信息平台。

日常生活方面,居民遇到问题时可以一键上报,如出现邻里纠纷等问题可通过平台上传相关信息,发现社区设施损坏、消防通道被占用、草坪被践踏、家里下水管道堵塞等,都可以通过平台上传相关信息,平台受理后派人解决,居民报事报修便利,且解决及时迅速。平台还及时记录社区的房屋入住情况,帮助销售中心更好地销售和出租。

安全方面,工作人员在巡检时发现潜在的危险时,可通过平台将存在问题的位置和相关描述及照片上传到平台,中心受理后及时派人解决;社区汇总存在重点人员出入时,社区平台的高清摄像头和人脸识别系统能够准确识别出入社区的

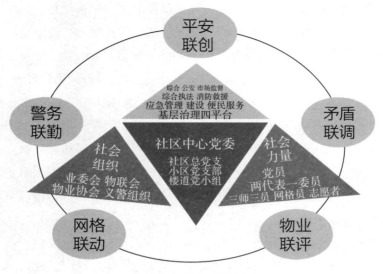

图 7-2 整体智慧体系图

（资料来源：调研团队根据公开资料整理）

人员，遇到多次在社区徘徊可疑人员，将会提醒工作人员及时了解情况并处理。

依托数字化建设，南丰居民预约服务十分便利。社区充分利用电子设备进行线上预约，减少了社区居民预约服务的时间和不必要的麻烦，同时提高了社区工作的效率。在家利用社区专有的应用软件或者打电话即可预约上门打扫卫生等服务，对于行动不便的老人十分方便，通过小程序就可以预约社区相关场地的使用。

（三）共建共享

南丰社区探索契约化共建 2.0 机制，深化党建联建、资源联享、工作联做、活动联搞、人才联育，辖区内 6 个社区与 13 家单位成立南丰契约共同体，打造服务联盟。

南丰社区坚持党建引领，以党委为领导，以党员为榜样积极开展各种工作，定期开展党史教育和宣传工作。小区红色管家为末梢细胞，并在区域的小区中建设小区红管家党支部，推动小区红管家党支部委员和业委会成员交叉任职，建设红色物业，打造小区红色管家，将服务延伸到家家户户。南丰社区中心扩大宣传，广开大门,积极引导附近小区居民走进它、了解它。同时深度调查挖掘居民的文体活动需求,引导培育民间文体团队,经常性组织开展活动,提高居民参与度、获得感。

南丰社区中心着眼机制创新,发挥好公益和市场的双重属性,同时着眼民生需求,推动服务资源供给两端精准匹配,打造基层治理和服务创新的城市样板,助推基层社会治理发挥更好作用。

南丰社区中经常看到有这样一群人——"南丰大妈",活跃在南丰社区中心的各项公益活动中,他们是社区中心从党员、热心居民中招募的志愿者,走家入户,发扬"我为人人,人人为我"的精神,体现了南丰社区中心"共建共治共享"的理念。南丰社区中心着眼机制创新,发挥好公益和市场的双重属性,同时着眼民生需求,推动服务资源供给两端精准匹配,打造基层治理和服务创新的城市样板,助推基层社会治理。

南丰社区也成为各种公益社团的服务对象,为各种公益社团活动的开展提供场地和机会,同时公益社团借助自己的业务能力帮助社区居民普及知识,提供服务等。

三、评价与借鉴

南丰社区中心通过整合周边社区资源、下放街道政府权力、优化基础设施服务和管理能力,在社区与街道之间打造全新基层社区中心,加强基层党建工作、便捷社区居民办事、提高居民幸福水平,并以党建引领力,强化社区治理主心骨。南丰社区中心坚持推进大党委建设,这些措施有效提高了基层办事效率,有助于提高社区经济发展、社区文化繁荣、社区环境美化和社区治安改善。

当前我国城市化水平逐渐提高,社区基层治理成为一大难点问题,基层社区长期无法提供完善的服务,不利于社会经济长期健康稳定发展。南丰社区中心综合治理模式的建立,为我们开辟了一条崭新的道路:通过设立中间部门,下放街道权力;集中基层资源,方便群众办事;利用数字赋能,全面提升效率;居民参与管理,提升治理效能;完善基础服务,发展社区文化,通过社区中心来辐射周边数个社区,健全和完善社区治理体系,提升社区治理能力,实现将"最后一公里"变成"最美一公里",不断提升居民获得感、幸福感和安全感。

永远跟党走　青年乡村行

因此，南丰社区中心的建设发展，对于全国尤其是西部地区推动基层社区建设具有强烈的借鉴价值，值得我们去学习。

作　　者　西北大学经济管理学院本科生　王　湘　姜尧城　袁　林　焦琪悦　熊逸可
　　　　　　　　　　　　　　　　　　　　陈泽锦　胡诩梓　李雨豪　程　雪　郝珮洁
　　　　　　　　　　　　　　　　　　　　蔡昊宇　杨雨欢　陈奕灵

指导教师　杨世攀

8 三新经济助力乡村振兴发展案例研究

乡村振兴战略是中共十九大做出的重大决策部署,是决战全面建成小康社会、全面建设社会主义现代化国家的重大历史任务,是新时代"三农"工作的总抓手。是党中央着眼"两个一百年"奋斗目标导向和农业农村短腿短板的问题导向做出的战略安排。乡村振兴战略就是要坚持农业农村优先发展,进一步调整理顺工农城乡关系,在要素配置上优先满足,在资源条件上优先保障,在公共服务上优先安排,加快农业农村经济发展,加快补齐农村公共服务、基础设施和信息流通等方面短板,显著缩小城乡差距。

一、三新经济内涵

三新经济,是以新产业、新业态、新商业模式为核心内容的经济活动的集合。其增加值用于衡量一个国家(或地区)所有常住单位在一定时期内从事相关经济生产活动创造的增加值。

新产业指应用新科技成果、新兴技术而形成一定规模的新型经济活动。具体表现为:一是新技术应用产业化直接催生的新产业;二是传统产业采用现代信息技术形成的新产业;三是由于科技成果、信息技术推广应用,推动产业的分化、升级、融合而衍生出的新产业。

新业态指顺应多元化、多样化、个性化的产品或服务需求,依托技术创新和应用,从现有产业和领域中衍生叠加出的新环节、新链条、新活动形态。具体表现为:一是以互联网为依托开展的经营活动;二是商业流程、服务模式或产品形态的创新;三是提供更加灵活、快捷的个性化服务。

新商业模式指为实现用户价值和企业持续盈利目标,对企业经营的各种内外要素进行整合和重组,形成高效并具有独特竞争力的商业运行模式。具体表现为:

一是将互联网与产业创新融合；二是把硬件融入服务；三是提供消费、娱乐、休闲、服务的一站式服务。

二、三新经济助力乡村振兴发展——以子长市为例

（一）新产业助力乡村振兴发展——以马铃薯产业为例

1. 案例概述

子长市素有"中国马铃薯之乡"的称号。在子长马铃薯是子长市新农业发展模式的代表，新农业发展模式主要指在政府的大力倡导下，将科技融入农业促进农业发展，同时将产量高质量优的种子分发到农户，替农户解决因为技术问题带来的产量和质量的下降。同时完善农业产业链，不仅能种好马铃薯，也要能用好马铃薯。将农产品的价值发展最大化，新农业的发展模式打响了子长市马铃薯及其加工产品的口碑，提高了子长市农民的收入，同时因为完善的产业链使得马铃薯加工产品也得到了快速的发展，工厂不断增多，为子长市人民提供了更多的就业机会，使得农业和加工业共同发展。

2. 新农业发展背景

一是新农业的环境前提。马铃薯是子长市农民的主要经济来源，子长市地处陕西省黄土高原腹地，为典型的黄土高原丘陵沟壑区，土质为黄绵土，土地广阔，土壤中无机盐含量丰富，产出的马铃薯外观好品质优，同时子长市昼夜温差大，环境污染较小，适合马铃薯生长。

二是新农业的生产链完善。马铃薯作为子长市的主要农产品，农民种植时间较长，种植、储存、加工经验丰富，这为马铃薯的发展提供了基础条件。近些年关于马铃薯的加工产品也有所发展。粉条作为子长的特色，采用淀粉进行生产，使得生产成熟的马铃薯有处可去，减少了原料外流。

三是新农业与科技结合。为了提高马铃薯种植的科技含量，近年来在子长市委、市政府的支持下，子长市不断增加投入，加大与高校科研院所的合作力度。推广脱毒苗，培育新品种，发展新技术，马铃薯产业实现了由量的提升向质的提升转变。马铃薯示范园区先后培育出了克新一号、青薯九号、费乌瑞它等品种，已经进行了全市推广。与西北农林科技大学合作研发的"红玫瑰"品种以其极高的营养价值成为园内的特色品种。

3. 新农业主要做法

与传统马铃薯种植相比，子长市发展的新农业将科技与马铃薯种植相结合，坚持研发新品种，种植脱毒苗，并且将繁殖技术推广到农民，将小土豆做成发家致富的大产业。特点及做法主要体现在以下两个方面：

一是科技走入农户。马铃薯在示范园和大棚中先进行培育，对马铃薯苗进行脱毒繁殖，将一级种分发给农民。这样大大提高了农民种植马铃薯的成活率，提高了马铃薯的产量，解决了马铃薯因为科技问题造成的质量下滑。在市委、市政府的支持下，培育产量和营养价值更高的马铃薯新品种，通过大力的推广，将新品种、新培育方式落实到农民各家各户。

二是政府的鼓励和支持。政府在马铃薯培育和繁殖方法上提供支持，并且鼓励更多农民种植马铃薯。在政府及上级的支持下，新品种得以开发，新的产业链得以完善，新的培育方式得以推广。同时政府完善产业发展激励机制，给予龙头企业奖励，带动产业发展。

三是农业产业链的完善。种出好马铃薯的同时，政府也注重如何利用马铃薯创造出更大的价值。除了将马铃薯向外出售，子长市也将粉条作为发展特色。粉条的主要原料淀粉就是提取自马铃薯。将粉条的口碑打出去，从种植、筛选、收获到加工，全程有政府的保驾护航，不断延伸马铃薯的产业链，使得马铃薯能够为子长市人民带来更多价值。

4. 新农业案例总结、评价

与旧的发展方式相比较，子长市新的农业发展方式在源头上减少了农民因为技术不足而导致的产量下降。同时完善农产品产业链，让种植出来的马铃薯能够通过加工发挥最大的价值。

在新农业案例中政府起到了非常重要的作用。首先是政府对于科技的重视和对技术的支持。政府将技术引进并推广，技术不单单存在在实验室中，要将技术广泛引入农户家中，让广大农民能够学会并拥有技术，享受到技术进步带给农业的好处。建立马铃薯示范园和研发基地，在技术方面不断进行更新和发展，不断提高产量，提高马铃薯的价值。其次是政府对于产业链的建设。提高产量的同时，解决了农民马铃薯在家中囤积和大量产品外流的问题，不仅仅是提高产量，更是提高了农产品能带给农民的价值。

对于其他地区，在自然环境优渥的前提下，发展属于本地区的特色农产品，在产业技术上进行投资,并将技术推广至农户家中。大力鼓励和支持农民对于特色农产品的种植,保证农民的收入。完善特色农产品产业链,使得农产品能够在本地区发挥最高的价值。

(二)新业态助力乡村振兴发展——以电商平台经济为例

1. 延安市子长市电商平台经济发展案例简述

近年来,延安市子长市涌动着蓬勃的电子商务热潮。截至2016年9月底,已有电商企业320家、个人网店4600多家、电商从业人员5500余人、农村淘宝项目合伙人超过8000人……新兴的农村淘宝服务站让乡亲们足不出户就可以买到全国各地物美价廉的商品,同时还可以把自家的农副产品销往全国。电子商务正在为这片红色热土上的人们铺就一条崭新的发展新路。

2. 延安市子长市电商平台经济的形成背景

为推进子长市电子商务发展,促进商贸物流经济转型升级,根据《陕西省人民政府关于进一步加快电子商务发展的若干意见》《陕西省商务厅财政厅关于陕西省推进电子商务发展奖励办法的通知》和《延安市人民政府关于支持现代服务业加快发展的意见》,2015年5月17日子长市人民政府制定《关于推进子长市电子商务发展实施意见》。

以科学发展观为指导,依托子长市产业基础,加大政策扶持力度,优化发展环境,积极推进电子商务普及应用,助推经济转型升级。力争通过3~5年时间的引导培育,全市企业电子商务应用普及率达到85%以上,力争网络销售额突破5亿元。

3. 延安市子长市电商平台经济发展的具体做法

一是政府引导,电商探路。受煤炭石油行业低迷影响,财政支撑以能源为主的子长市极力寻找经济转型出口,在文化旅游、山地苹果、现代农业等项目进一步扩大的基础上,子长市委、市政府决定把发展电子商务作为经济转型发展的突破口和增长点,认真实施"互联网+"行动,推动大众创业、万众创新。

第一,建立电子商务孵化中心。鼓励支持协会组织、整合全市特色品牌,优化产品资源,提高电子商务发展的层次和影响力,确保在短期内取得突破性进展。开展电子商务示范企业认定工作,以点带面,推动子长市电子商务的广泛应用和发展。选择应用电子商务规范化水平高和代表性强的龙头企业,研究推广成熟的运作模式，带动市内企业特别是中小型企业应用电子商务提高管理水平，规范经营行为，推动子长市电子商务工作健康持续发展。

第二，积极培育农村电子商务市场主体。一方面积极培育专业化农村电子商务企业，引导农产品经营企业，农村合作社和农业经纪人等积极开展农产品网上销售等业务，支持涉农网商进一步转型发展，引导电子商务服务企业拓展农村业务，为农村电子商务发展提供网店建设、仓储物流、市场推广、代运营等专业化服务，带动更多企业参与农村电商发展。另一方面鼓励农村青年依托电子商务进行创业，加强电子商务知识培训和政策引导，以返乡大学毕业生、农村青年致富带头人、返乡创业青年和部分个体经营户为重点，积极培育一批农村电子商务创业带头人，切实发挥其在农村电子商务发展中的引领模范作用。

第三，搭建"电商换市"载体。积极对接知名电商企业，开展战略合作，实现借梯登高、借力发展。针对子长市的特色农产品、工艺生活品、老字号和旅游服务等特色产品，打造淘宝网"特色陕北·瓦窑堡馆"。同时结合子长市的产业集群或专业市场，重点打造阿里巴巴"红都·瓦窑堡产业带"。每年推动5~10家一、二、三产企业入驻孵化中心，加大对入驻企业的上线辅导和诚信监管，不断提高网络营销技巧，培育品牌产品及品牌企业，形成网络集聚效应。鼓励电商协会、电商龙头企业等单位作为第三方运营商，利用瓦窑堡特色品牌，牵头组织相关企业参与建设孵化中心。

第四，大力发展现代物流业。推动物流市场整顿，净化物流环境，扶持和引进一批大型现代物流企业，改变物流企业"小、散、乱"的局面。进一步促进物流基础设施建设，优化物流节点的布局，规划建设一批符合电子商务发展需要的物流配送中心，有效提高电子商务的广泛应用。加强现代物流信息平台和公共服务平台建设，引导物流企业提高信息化水平，支持电子商务企业与物流企业数据库参考的互联互通，增强物流基础设施服务能力，提高电子商务物流服务协同性。

二是八方配合铺开网路。子长市委、市政府高度重视电子商务工作，把电子商务作为全市各项工作的重中之重来抓，确保电子商务工作顺利推进。先后出台《子长市电子商务产业发展规划》《关于鼓励和支持电子商务发展的若干意见》等政策措施，为推进电子商务发展提供有力的制度保障；按时足额拨付专项资金220万元，确保电子商务进农村项目顺利实施；积极宣传造势，让广大群众对电子商务实现了由排斥到认可的转变、由陌生到熟悉的转变，形成广泛共识。

同时，主推子长的煤炭、洋芋、粉条、小米、煎饼、凉粉、油糕、绿豆、羊肉、蚕桑等，并形成适宜网络销售的特色商品；圆通、顺丰、韵达、汇通等14家物流快递企业，为电子商务插上"翅膀"，仅2015年实现收发量达510万余单，实现外卖交易额达3500多万；子长人才库存6681人，其中硕士研究生38人、本科1604人，为电子商务快速发展提供了源源不断的人才资源。

4. 具体案例

一是神威工贸。子长市政府经过多次调研、讨论，于2016年5月12日在职教中心为企业搭建电子商务孵化中心，免费为入驻企业提供一年的办公场所以及给予各种优惠政策，解决企业起步难的问题。神威工贸就是抓住这个机遇入驻孵化中心。目前，该公司已注册"好渴口""重耳川"两款品牌，主营陕北狗头枣、优质小米、传统工艺土豆粉条、传统纯豌豆老酱、干菜、五谷杂粮等一系列子长地方特色农副产品，30余名工作人员全力负责运营、客服、销售、策划、包装、物流等环节，形成了以创新、生产、培训、销售为一体的综合服务体系。

二是阿里巴巴农村淘宝。2015年12月18日，阿里巴巴农村淘宝子长市服务中心投入运营，建成特色展览馆1处、农村服务站点35个，开辟了本地网上商贸市场、数字化餐饮住宿、文化旅游等项目。子长市通过电子商务，日均销售农副特产1200余单，日销售额达8万余元，解决青年就业700余人，子长市2015年被列为全国电子商务进农村综合示范市。

三是子长市各金融机构积极推动金融与电子商务对接工作，农行子长市支行成为农村淘宝电商合作金融机构，加大对子长市电商的支持力度。①为农村淘宝项目合伙人提供资金结算、小额贷款、信用卡等配套服务。以安装智付通为切入点，代理小额支付结算业务，同时为项目合伙人的网上交易（买入卖出）提供金穗卡结算，并为合伙人办理信用卡，帮助农村淘宝合作人实现快捷的资金结算。②借助电商平台发展农村金融市场，进一步加大对合伙人的贷款支持。该行将银行卡、农户贷款、电子银行等业务通过农村淘宝服务站推广到子长市的各个村镇，借助农村淘宝电商平台，进一步巩固和发展市域农村金融市场，有效推动市域"三农"产业发展，为符合条件的电商合伙人提供农户小额贷款支持，截至2016年8月底，累计发放贷款120万元。

5. 延安子长市电商平台经济发展情况总结

第一，扶持特色电商项目，提高贫困地区基础设施建设水平。电子商务对乡村振兴的重要作用不可忽视，但是，并不是所有农村地区都适合大力发展电子商务。因此，对农村电子商务的推广应该有针对性地进行扶持，而不是大水漫灌、一刀切。此外应加大财政投入，支持偏远地区和贫困地区基本的基础设施建设，完善网络和道路交通覆盖范围与质量。同时，政策性扶持特色农产品项目，为电商企业进军农村市场、兴建电子商务服务站以及物流配送站等提供支持，解决农户电商经营融资难、贷款难问题，发挥政府在农村电子商务中的推动作用和引导作用。

第二，强化农村电子商务人才引进策略，完善人才保障机制。电子商务人才是发展农村电子商务的根基。因此，要坚持创新为本、人才为先的理念，注重人才培养与引进，将留住人才作为保障农村电商发展的重要工作。首先，建立人才培养机制，联合高校、企业开展理论实践教学，对农户进行网店运营与管理培训，打造以电子商务运营为方向的本土电子商务人才。其次，构建人才引进机制，以优惠的创业政策和人才引进政策，鼓励具有较高受教育水平的大学毕业生、具有电子商务能力的优秀青年到农村创业，带动农村电子商务向高水平发展。

第三，完善农村基础设施建设，提高农村物流技术应用水平。建立高效的农村物流体系，缩短流通时间成本。首先，建立农产品物流集散中心，提高物流标准化水平，增加农产品附加值。其次，借助现代智能化技术与设备，建立现代化、智能化、数字化农产品物流供应链系统，缩短物流在途时间，降低运输的时间成本。最后，各大物流公司和电商平台进行资源整合，合作互利，共建共享，降低物流成本。

第四，打造农产品特色品牌，创新电商品牌运营模式。根据当地产品特色化，采用差异化销售策略，打造农产品特色品牌。电子商务平台要根据不同的产品特点和品牌特色，创新农产品品牌运营模式，防止千篇一律。

第五，建设现代物流中心，完善供应销售体系。现代化的物流体系可以提高时效性和安全性，提升顾客的购物体验，是电子商务的重要组成部分。要对现有的物流资源进行统一汇集和合理利用，建立现代物流分拣中心，为企业提供仓储和分拣服务。此外，设立物流信息服务平台，打造市、乡、村三级立体式物流网点，通过信息共享减少重合消耗，从根本上降低物流成本。

（三）新商业模式助力乡村振兴发展——以水厂为例

1. 案例概述

子长市凉水湾村为脱贫示范村，该村利用当地水质甘甜、水源丰富这一特点，成立创办了新的扶贫经济实体——凉水湾纯净水厂，并已经销售到延安市其他市区，未来发展前景较好。该水厂主要是在上级党委和当地政府的支持下，由村党支部带头，集体筹资，群众入股参与建成。水厂于2017年筹建，2018年正式投产销售，现日销售量在400～500桶，年纯收入25万元。水厂现在有稳定健全的运行机制，一方面可以给村民带来入股的分红，另一方面为当地贫困家庭提供了工作岗位，解决了不少人的就业问题。凉水湾村建成的纯净水厂契合了现在所提出的产业扶贫政策，政府与村集体从当地实际情况出发，建成发展符合当地情况的、能够持续发展的产业。

2. 形成背景

新业态助力乡村振兴，离不开宏阔的时代背景。乡村振兴战略实施以来，党和政府对农村产业的扶持力度越来越大。在2021年《中共中央 国务院关于全面推进乡村振兴加快农业农村现代化的意见》中更是明确提出"全面促进农村消费""推动城乡生产与消费有效对接""重点支持乡村产业发展"等要点。党和政府将产业扶贫作为扶贫重点，大力支持乡村产业发展。脱贫攻坚战打响以来，子长市凉水湾村把产业扶贫作为加快贫困群众脱贫致富的根本政策，依托资源优势，打通脱贫之路，带领贫困群众摘掉贫困帽、奔向新生活。子长市凉水湾村位于子长市西大门，地处子长市边界，之前是典型的贫困村，有较多的贫困户，居民主要依靠务农与外出务工来维持生活，凉水湾村整体经济发展较差，经济基础设施不完善，自脱贫攻坚战打响以来，村委多次召开村民大会，邀请市扶贫部门专家到村实地查看，共同寻找脱贫之路。凉水湾村地处子安公路上，交通便利，离子长市区以及延安市、安塞区距离较近，这也为纯净水厂桶装水的运输提供了便利的交通条件。凉水湾村的水资源丰富、水质甘甜，专家实地考察并多次对水质进行检测之后，确定了兴办纯净水厂的可行性，水厂具有良好的发展基础与广阔的发展前景。为了更好地帮助群众脱贫，水厂建立时积极吸纳村上的贫苦户入股，参与入股村民共84户，其中48户都是贫困户，帮助群众实现了在家门口打工、务农务工两不误的美好愿望。

3. 在推进乡村振兴中的具体做法

通过调查研究，我们了解到在凉水湾村的每一项大的发展决策之下，都是村民群众共同商讨得出的。村党支部依托本村地理特征，选择并多次尝试适合凉水湾村的发展策略，在村党支部的带领下，村民们愿意尝试新的经济发展模式，即从农业到畜牧业再到如今纯净水厂的创办。水厂作为凉水湾村产业扶贫的重点项目，不少人投入了众多的心血与关注，水厂的成功发展也再次说明了产业扶贫对于乡村振兴的巨大作用。

子长市凉水湾村兴办的纯净水厂由2017年开始兴办，并于2018年正式投产销售。2017年，凉水湾村在上级党委和政府的支持下，决定利用得天独厚的水资源发展纯净水厂，投入74.3万元，积极动员村民入股69.3万元，村民在日后水厂盈利时可以参与分红，在收益分配上，将利润的60%作为入股农户的分红，30%作为水厂的流动资金，10%作为村集体收入，壮大村集体的同时，促进贫困群众增收。之后，在专门的技术人员的参与指导下，水厂引进了全自动净水设备和两套不同规格的全自动罐装生产线。不仅发展了村集体经济，还为村民带来了分红收入。

4. 借鉴价值

子长市凉水湾村纯净水厂的成功主要在于水厂的建设依托了当地的优质水资源，依靠了上级党委和政府对于乡村振兴的大力支持。并且在其他地方成功的脱贫示范中，我们不难发现，在当下的时代背景下，产业扶贫早已成为脱贫攻坚战略实施的主要方针。凉水湾村纯净水厂的成功兴办说明了产业扶贫对于乡村振兴的重要之处。在其他地区脱贫的实施过程中，也可以借鉴凉水湾村产业扶贫的成功经验。

一是因地制宜的地区发展。在乡村振兴的产业扶贫中，首先应该考虑当地资源、自身地理位置与当地的特产，因地制宜制定地区发展战略。

二是充分调动农户的积极性。在水厂的创办中，离不开每一位村民的积极参与，其他地区应该向凉水湾村学习，召开村民大会，共同探讨村子的脱贫办法以及发展方向，想方设法从实际出发调动每一位村民参与的积极性。

三是政府帮扶的间接作用机制。政府对于村镇主动创办产业、积极脱贫致富的行为应给予大力的支持与帮助，比如在凉水湾村水厂的兴办过程中，政府主动帮助水厂寻找技术人员和销路。帮助脱贫并不困难，当下应该思考的关键问题是

永远跟党走　青年乡村行

如何在脱贫后不再返贫。凉水湾村纯净水厂便是适合其他地区借鉴学习的可持续发展的脱贫方式。

作　　者　西北大学经济管理学院本科生　高　玥　郑昕悦　王冰月　蒋卓桐　马晨昊
　　　　　　　　　　　　　　　　　　　王涵玉　徐冯余悦　王雨仙　任紫奕　王　薇
　　　　　　　　　　　　　　　　　　　王玉荣　钟苗苗　何宇杰　王馨悦　丁晨悦
　　　　　　　　　　　　　　　　　　　贾仕钰　费雨杰　徐嘉悦

指导教师　宋文月

9 陕西省泾阳县蔬菜产业"研发—生产—销售一体化"案例研究

一、泾阳县蔬菜"研发—生产—销售一体化"模式的含义

一直以来，蔬菜产业都是陕西省泾阳县农业的主导产业，也是当地农民发家致富的重要来源。依托高质量发展的蔬菜产业，泾阳已经成为陕西省最大的无公害蔬菜基地。目前，泾阳县已经形成千亩以上的蔬菜专业村82个，万亩以上的蔬菜主产镇8个，从事蔬菜一村一品生产的专业户达到3.3万户，蔬菜种植总面积达到39.2万亩，规模位居西北地区之首。所谓泾阳蔬菜产业"研发—生产—销售一体化"模式，就是将蔬菜产业的三个关键环节紧密结合起来。其中，第一阶段的研发，是指依托强大科技搭建社企、社校合作研究平台，致力于蔬菜的引种、实验、育苗；第二阶段的生产，是指泾阳县蔬菜产业依托当地优势的自然条件，并结合一系列人为有效干预，使蔬菜在高品质幼苗的基础上茁壮生长，产出优质蔬菜；第三阶段的销售，是指在生产出优质蔬菜后，在当地通过农企合作、电商、宣传推介会等多样化的渠道来销售蔬菜，获得最佳收益。泾阳县蔬菜产业的研发、生产和销售一环套一环，环环相扣，呈现一体化形态，最终构成了泾阳县蔬菜产业发展的主导模式。

二、形成背景

陕西省泾阳县地处关中平原腹地，土壤肥沃、水源充足、光照条件好，良好的生态环适合蔬菜生长，因此泾阳县素有关中"白菜心"之美誉。近年来，泾阳县依托优势资源，以日光温室为主的保护地栽培和无公害蔬菜生产为发展重点，

全力发展蔬菜产业,实现蔬菜规模化种植、标准化生产,全县蔬菜产业迈入一个全新的发展阶段。泾阳县自古就是农业大县,但由于农业现代化水平低,农业发展面临诸多问题。一是由于农户分散化种植,缺少统一的销售渠道,农产品交易成本高,农业经济剩余严重不足,导致农业整体经济效益低。二是农业生产技术落后。农民缺乏科学的种植知识,导致农产品成活率低。三是农户面临的市场风险大。农民由于缺乏市场信息而导致信息不对称,无法准确预估农产品未来的市场需求量,因此无法确定农作物种植量,最终导致市场农产品供给不足或者产量过剩的现象产生。四是农业基础设施投资不足。农民分散化种植,且资金有限,导致农民无法建设水井大棚等现代化农业基础设施,因而农业生产效率低下。

农业现代化作为农村经济发展的重要方向,是解决"三农"问题的关键,也是政府关注的重点。一般而言,农业现代化的措施主要包括推进城镇化建设、形成规模产业园、提高农业科技水平、发展绿色生态农业等,这些措施针对过去农业出现生产分散、低效、落后等问题,提出了相对应的解决方法。但是由于不同地方区位优势有所不同,因此农业具体的发展方法需依托地方政府统筹兼顾,实施多样化的发展政策。泾阳县的农业现代化响应中共中央在"十四五"规划的要求,结合当地实际,进行创新型改革发展,走出了一条具有泾阳特色、泾阳风格的农业现代化道路。泾阳县政府坚持党的领导,依照党建引领,结合当地发展优势,逐步建立起蔬菜"研发、生产、销售"一体化基地。

泾阳县自20世纪80年代末开始发展蔬菜产业,在2014年蔬菜产业发展取得了阶段性的进步,西北农林科技大学、咸阳市农业局和泾阳县人民政府在这一年共同创建了"西北农林科技大学泾阳蔬菜试验示范站"。不仅如此,2014年"咸阳泾阳绿植农科有限公司"和"泾阳天庆蔬菜专业合作社"联合建设了130亩的绿植蔬菜育苗园,并且采用了"公司+合作社"的运作模式,前者负责研究蔬菜品种,后者负责种植以及推广。2018年,泾阳县按照陕西农业特色产业"3+X"模式,重点关注茯茶、奶畜、酿酒葡萄、蔬菜这四类特色产业。2019年泾阳县云阳镇就在着手打造"西北电商第一镇"几年后,仅西红柿这一品种在电商平台的销售额就超过2亿元。泾阳县乡村振兴局依托陕西省众多高校科研资源,结合当独特的生态环境,依照蔬菜选种、育苗、生长、销售四大环节,并为了达到蔬菜产业经济效益最大化的目的,提出了将蔬菜生长、销售的全过程根植于本地的想法。这一理念使蔬菜产业链得到了充分的延伸,并最终促成了泾阳县蔬菜自产自销的产业格局。此外，当地政府为了使农村能够有效地结合当地政策发展，已提供 100 万元财政支持，满足 133 个农村基础设施建设需求。

随着泾阳县蔬菜产业规模不断扩大，当地政府为了防止蔬菜产业出现"量大质劣"的不良现象，通过评估蔬菜产业发展整体情况，提出了"严抓蔬菜生产质量、拓宽蔬菜销售渠道，一切从源头出发"的蔬菜产业发展理念。政府积极引导社会各主体（农户、企业、高校、农村合作社）参与到蔬菜产业建设当中。泾阳县通过吸取蔬菜产业多年的发展经验，紧跟各主体分工合作方式形成的潮流，逐步形成了由政府牵头、引领、组织，农户、农村合作社、企业以及高校等主体共同参与而形成的蔬菜生产销售模式。

三、主要做法

（一）蔬菜幼苗研发

这一环节是蔬菜产业链的开端、基础和核心。为了提升蔬菜品质，泾阳县政府强调从源头出发，牵头搭建了许多企业与高校合作形成的研究平台。其目的是为农户、合作社以及企业输送高质量蔬菜幼苗，提升蔬菜生产整体品质。以泾阳县最著名的西红柿产业为例。2018 年以来，泾阳县通过自身研发以及外部引种改造等方式，总共形成了 177 个西红柿品种。这些西红柿品种是从全国各地以及荷兰、日本、以色列等国家精心挑选出的优质西红柿幼苗，经过研发、改造而成。每个品种都以西北农林科技大学泾阳蔬菜实验示范站研发中心和桑农种植公司的科技为支撑，需要在泾云农业、绿植农业、绿盈盈农业这 3 个试种基地试种 3 年以上才能进行幼苗推广。在幼苗研发、推广的过程中，高校和企业共同搭建的蔬菜幼苗研究平台和蔬菜幼苗试种基地发挥了至关重要的作用。2021 年 6 月，泾阳县每年育苗达 1.5 亿株，在高质量、高标准的育苗条件要求下，这些百里挑一的幼苗为蔬菜的品质提供了充足的保障。

（二）蔬菜生产

1. 接力式生产

泾阳县蔬菜产业规模庞大，以西红柿产业为例，泾阳县作为陕西省西红柿生产第一县，西红柿种植面积已达 10.6 万亩，年产量 63 万吨，产值 12.7 亿元。其中，西红柿种植、生产的主体为企业和农村合作社，个体农户种植西红柿占比相对较小。在幼苗研发的第一环节后，试种基地会把品质优良的幼苗通过有偿或者无偿的形式分给个体农户、农村合作社和企业。各种植主体接过第一环节传来的"接力棒"后，进行大规模种植，产出高品质西红柿。

2. 利用现代农业科技

泾阳县县政府为了打造标准化、规模化西红柿种植生产基地，及时联合高校、企业，对现存老旧棚体以及不适合机械化、抗御自然灾害能力差的非标准棚体和种植基地进行改造提升，进而从整体上提升了西红柿的种植生产能力。同时推广以"穴盘育苗、水肥一体化、雄蜂授粉、绿色防控、气象监测智能系统、自动喷淋系统"为主的六大技术，提升西红柿种植生产基地的装备水平。对于个体农户，泾阳县科技局派遣科技特派员专门指导西红柿种植生产。

3. 建立蔬菜专业合作社

为扩大西红柿产业规模，树立典型、示范推广，政府挂牌命名30家农民专业合作社为百万元合作示范社，其中蔬菜专业合作社13家。政府在云阳、安吴、王桥、中张、桥底、三渠、口镇7个镇建立了25个西红柿万元果攻关示范园，发挥133名乡村振兴"总队长"和产业联合党委作用，开展"农民工还乡创业、能人返乡创业、退休干部回乡创业"的"三创"活动，坚持人才引领，进一步做大做优西红柿产业，为推动农业高质量发展，带动农民增收贡献力量。

4. 规模化种植益处

泾阳县目前主要种植水果西红柿、硬果西红柿和圣女果。水果西红柿种植面积达4.1万亩，包括普罗旺斯、泾番1号、美味2号等，其中普罗旺斯水果西红柿由于其产量高、抗病性好、御寒性好、口感清甜等特点，在达到农户种植要求的同时又满足了消费者需求。因此普罗旺斯水果西红柿种植面积达到了全县西红柿种植面积的70%。规模化种植促进了当地基础设施的完善，提高了农业生产效率。

（三）蔬菜销售

一是要拓展营销渠道。以西红柿产业为例。为提高泾阳西红柿品牌影响力，泾阳县当地采取多种不同的方式，加大宣传力度。从杨凌农高会到西安丝博会，从地铁站台到高速公路口。"番茄万千、泾阳领鲜"的品牌理念得到了充分传播，泾阳西红柿的品牌逐渐深入人心。

二是要引入电商营销。当地依托"互联网+"，打通蔬菜网上销售渠道。利用网络热潮，开启蔬菜网络直播销售模式。其中，产生了"奋斗柿""柿愿""田樾""花田喜柿""刀马旦""迎柿方""柿否""大秦盛柿""润兴园"等一大批网红产品。依托电商渠道，西红柿年销售量达到500万千克，实现销售额2000万元。

三是要保障产品质量。在销售蔬菜产品的同时，泾阳县逐步完善了质量安全追溯系统，实现标准化生产过程的可查可追溯，制定质量安全制度和方案，定期对全县主要批发市场的产品进行抽样检测。依托上述程序，上市的蔬菜质量有了充足保障。经过多年精心培养，泾阳蔬菜产业已经成功实现从引种、试验、育苗、种植、销售的全产业链经营模式。

四、泾阳县蔬菜产业在推动乡村振兴中的作用

泾阳县蔬菜产业的发展壮大，不仅有利于推动当地经济高质量发展，而且有利于巩固脱贫成果、助力乡村振兴。依托蔬菜"研—产—销"模式的推广和运用，农民收益颇丰。

（一）培育现代职业农民

泾阳县对农户进行技术培训，在发展蔬菜产业的同时提高农民蔬菜种植技术。比如，在育苗阶段，育苗研究所和幼苗试种基地会吸收一定量的农户进行技术培训，并派遣技术特派员通过蔬菜种植培训会等形式对蔬菜个体种植农户进行无偿指导。此外，泾阳县大规模招纳专业的技术人员对农户进行对口帮扶，每一名技术人员印发500张名片发到农户手中，确保他们在遇到问题时随时有人帮忙解决。最后，园区还开设了80期的技术培训课程，培训10000名以上的农民群众，并计划引进40个农业新品种在培训期内试种。

（二）提高农户收入

企业、农村合作社与有闲置土地的农户进行合作，农户既可以以签订协议的方式进行土地流转，获得流转收入，又可以直接入股蔬菜产业分享红利。此外，农村合作社和相关企业也会雇佣农户进行蔬菜生产、管理等相关工作。一些无业

农民因此能够得到一份令自己满意的工作，获得工资性收入。同时，政府大力扶持蔬菜产业的发展，以现金补贴、安排无业农民就业等形式，带动着乡村经济的发展。

（三）形成高效的蔬菜产业组织形式

从政府作用、"农村合作社＋农户""龙头企业＋农村合作社＋农户"等角度，讨论泾阳探索形成的蔬菜产业组织形式及其在带动农户发展生产、增收致富中的作用。蔬菜培育阶段，在政府的牵头下，合作社与高等院校签订协议，高校的科研团队在合作社推广其培育的新品种并对农民进行种植技术培训，显著增加了蔬菜幼苗的多样性，提高了其成活率。蔬菜生产阶段，合作社向相关企业融资，为农户建造水井、大棚等基础设施；政府下派大量技术员对农户进行培训，提高蔬菜的产量与质量。蔬菜销售阶段，农村合作社与企业、事业单位签订销售协议，由企业、事业单位统一收购农村合作社收集的产品。

（四）延长农业产业链，依托蔬菜产业发展乡村旅游

随着蔬菜产业苗壮成长，蔬菜种植面积逐步扩大，泾阳县的植被覆盖率不断提升，生态环境不断改善。当地政府依托蔬菜产业，发展农业旅游，以泾阳蔬菜公园为龙头，形成了多个特色鲜明，融合休闲观光与深度体验为一体的蔬菜旅游观光园。这些景点吸引了越来越多的游客来到蔬菜大棚中体验采摘蔬菜，感受优美的自然风光。依托旅游业发展红利，原本只以种植蔬菜为主的农户开始建设农家乐，增加第三产业收入，实现更快地增收致富。

总体而言，农村基础设施得到完善，农户收入得到大幅增加，农民的生活水平有了很大的改善。泾阳县巩固脱贫成果、助力乡村振兴成果显著，促进了农户增收致富、降低返贫概率，进一步从总体上阐发蔬菜产业发展对于推动泾阳乡村产业振兴、农民增收致富的载体作用，泾阳县的经济社会发展，未来可期。

五、总结与思考

泾阳县蔬菜产业以高质量、可持续为目标，以顶尖科技服务为支撑，以多主体（政府、企业、农户、高校）共建为保障，形成了具有泾阳特色、泾阳风格的

产业发展模式。泾阳县蔬菜产业发展经验是值得借鉴的。该模式给相关产业的发展提供了一种全新思路,即产业发展应注重源头,积极调动产业链上下游主体的生产积极性,不断延长产业链,提升产业整体水平。此外,地区发展产业只有密切联系人民群众,以人民群众为基础,群策群力,才能达到产业发展从群众中来,发展福利往群众中去的理想效果。依托"研发—生产—销售一体化"模式,泾阳县蔬菜产业得到长足发展,泾阳县经济实现腾飞。泾阳县蔬菜"研发—生产—销售一体化"模式也存在不足之处,导致蔬菜产业发展出现问题。首先,这一模式的建设、推广及运用仅局限于泾阳县,没有密切联系其他地区,没有充分吸取其他地区产业发展的经验,只依托泾阳县蔬菜产业几十年发展经验来指导产业发展是不可取的。其次,泾阳县蔬菜产业发展不平衡问题突出。现阶段,泾阳蔬菜生产主要集中在黄瓜、番茄、辣椒、茄子、甘蓝、白菜、芹菜等 7 大作物品种上,造成市场上蔬菜种类单一。

此模式虽然有利于推动泾阳县经济高质量发展,但并不适用于所有地区产业发展。其他地区产业发展可以吸取这一模式的优势,但不能完全照搬,而应该因地制宜谋发展,充分发挥当地的生产优势与地区特色,提升经济整体效益。

作　　者　西北大学经济管理学院本科生　冯姗蕊　尹钰婷　徐楚渝　康宇曦　邵英杰

10 塘约模式：穷则思变，以改革创新走出小康之路的案例研究

一、塘约模式的含义

塘约模式，是塘约村在脱贫攻坚和乡村振兴过程发展出来的一种特殊的发展模式。位于贵州省安顺市平坝区的塘约村曾经是一个一贫如洗的普通村落，但是塘约村秉持着穷则思变的理念，在各个方面改革创新，走出了一条全村人的小康之路。

为改变贫困面貌，塘约村从落实集体所有权，发展壮大村级集体经济出发，成立合作社，通过自愿入股的方式把承包到户的责任田集中到村集体，由合作社统一经营。塘约村因此逐渐富裕起来。

在改革创新的过程中，塘约村基层党组织带领全体村民不断努力。为更好地带领全体村民，塘约村加强村级党组织建设，以"党总支管全村，村民监督党员"为主要治理模式，创新党组织设置方式，在村党委总支下设3个网格化党支部与11个基层党组织，实行网格化管理。同时为更好发挥党员先锋模范作用，对党员实行"积分制"管理和"驾照式"扣分，增强党员责任感，更好地为村民服务。

在机构改革后，当地实现了村党总支统筹村级发展，规划全村各项事物。并通过经济发展，吸引年轻人回村就业创业。同时，塘约村实行农旅结合，各方面共同发展壮大集体经济。穷则思变，在这不断变化的过程中，以塘约村党组织为核心，以村民为主体，壮大集体经济，走出了一条乡村治理的现代化之路。

乡村振兴路漫漫其修远兮，但塘约村探索出属于自己的方向，逐渐成为乡村振兴的典范。

二、塘约模式的形成背景

曾经的塘约村属国家二类贫困村，也是平坝区乐平镇最大的村之一，有10个自然村寨，11个村民组。农民人均可支配收入不足4000元，村集体经济不到4万元，全村有贫困人口138户645人，30%的土地撂荒。2014年，塘约村遭遇特大洪灾，农田房屋被毁，村内一片狼藉。穷则思变，为了改变现状、摆脱贫困，2014年12月，塘约村成立了塘约村农民种植专业合作社，希望通过合作社将村里的部分土地流转后用于农业种植。在村党总支书记带领下，塘约村全村撸起袖子加油干，不等不靠，成功探索出一条党建引领、改革推动、合股联营、村社一体的发展道路，形成了村集体与村民联产联业、联股联心的发展格局，被称为塘约模式。

塘约村通过"支部管全村、村民管党员、村规管村民"的方式，进一步推进从严治党，夯实了发展根基。同时，塘约村制定出"以人为耕、以农为本、以文为心、以旅为轴"的发展蓝图，明确了村社一体、合股联营的发展道路。就这样，塘约村的村委们为了体现平坝农信社金融支持的力量，助推农村农业发展，给"塘约村农民种植专业合作社"和"土地流转中心"取了一个好听的名字——金土地合作社。

根据村民的特长，金土地合作社下设市场营销中心、农技培训中心、妇女创业会、运输队、劳务输出中心、建筑队等各实体机构。金土地合作社实行"村社一体、合股联营"的发展模式，鼓励村民以土地和资金与集体合股联营，按照合作社30%、公积金20%、村委会10%、村民40%的模式进行利润分成，促成村集体与村民的联产联业、联股联心。目前，全村共募集股东921户，股权总额5230股，实现全体村民股东化。集体所有制实现方式的变化带来收入分配制度的变革。以前农民收入基本由务农和外出务工收入两部分组成。现在，村民收入由财产性收益、经营性收益和劳务性收入（即参加集体劳动的收入，每月工资不少于2400元）三部分组成，其中劳务性收入占70%以上。

塘约模式是一条落实集体所有权、发展壮大村级集体经济的道路，是一条加强基层党组织建设、巩固党的执政基础的道路，是一条激发村民主人翁精神、加强基层群众自治的道路，也是一条构建村庄治理体系、实现村庄治理现代化的道路，塘约村化茧为蝶的历程为我国实施乡村振兴战略提供了可资借鉴的经验。

永远跟党走　青年乡村行

三、塘约模式的主要做法

（一）落实集体所有权，发展集体经济

2014年特大洪灾后，塘约村在上级部门的领导与支持下进行了大刀阔斧的改革，率先成立村级土地流转中心，建立农村产权确权信息管理平台，对农村土地承包经营权、林权、集体土地所有权、集体建设用地使用权、房屋所有权、小型水利工程产权、农地集体财产权等叠加一并进行确权登记，明晰了农村产权"身份证"，让农民把产权"揣"在兜里，初步形成了土地所有权、承包权、经营权三权分置，为农村产权交易打下了基础。

同时，塘约村还成立了金土地合作社，经全体村民一致同意，塘约村将所有土地流转进入合作社。合作社实行村社一体、合股联营的发展模式，鼓励村民以土地和资金入股联营，按照合作社30%、公积金20%、村委会10%、村民40%的模式进行利润分成，促成村集体与村民的联产联业、联股联心。合作社还根据不同村民的专业和特长，下设市场营销中心、农技培训中心、妇女创业会、运输队等各个实体机构。

（二）加强基层党组织建设，实现党建引领发展

农村基层党组织是党团结带领广大农民群众建设社会主义新农村、实现全面小康社会的战斗堡垒，是党在农村全部工作的组织基础和根本保障。针对基层党组织薄弱的问题，塘约村在发展过程中深刻总结，认识到村级党组织建设的必要性。为了突出党建引领作用，加强基层党组织建设，塘约村采取了一系列有效措施：

一是提出"党总支管全村，村民监督党员"模式，加强村级党组织建设。

二是创新党组织设置方式，实行网格化管理，在村党总支下设3个网格化党支部和11个党小组。3个党支部的主要工作是谋改革发展新思路，抓产业发展，突出村级党组织的核心领导作用。而在11个村民小组设立的党小组是为了改变之前村里党员分散的情况，并且，11个党小组分别属于3个党支部，党小组成员都有职位、有发挥作用的平台。

三是对全村党员实行"积分制"管理、对两委班子成员实行"驾照式"扣分

量化管理，以更好地发挥党员先锋模范作用。塘约村党员人手一本《党员积分册》，党员按月计分，满分为 10 分。计分在村民小组委员会进行，党员打分必须有比如调节邻里纠纷、说公道话、办公道事等得分事由。年终查分，低于 60 分则为不合格。连续三次不合格，就要上报镇党委。

（三）加强基层群众自治，激发村民主人翁精神

塘约村的群众通过民主选举、民主决策、民主管理和民主监督，直接参与公共事务的管理，使得民主参与更加直接和有效。塘约村在村民委员会下分设村民小组，要求是：一是收集并向村委会反映本组村民的意见和建议以加强党风建设；二是向本组村民传达村委会做出的有关决定；三是协助村委会办理本村的公共事务和公益事业；四是调节邻里纠纷。

村民会议是村民实现民主的基本形式。塘约村每 15 户选出一个村民代表来参加村民代表会议，具有制定规章、人事任免、议事决策和民主监督的职权。事实证明，这是群众自身做出的符合发展规律的正确的决定。

2014 年，塘约村还在村党组织的领导下，由村民代表会议民主选举产生，成立了村务监督委员会，实行村民自我管理、自我监督包括参与村务讨论，监督是否务实；参与村务实施，监督是否落实；参与项目全程，监督是否廉洁；参与村级"三资"，监督是否规范；参与事务公开，监督是否真实；参与年终考核，监督是否公平；组织协调村民代表会议依法监督村民委员会执行党的路线、方针、政策和决议以及村经济社会事业发展的情况等。

在不断变革和发展的历程中，塘约村不论是处理村内事务，还是商讨集体决议，处处都彰显出社会主义国家人民当家作主的制度本质，这是自我管理、自我监督的基层群众自治制度发挥出的不可磨灭的作用。

（四）构建现代化治理体系，建设现代新农村

村党总支带领土地流转中心、股份合作中心、金融服务中心、营销信息中心、综合培训中心、权益保障中心 6 个中心，实现村内事务权责分明。鼓励村里外出务工青壮年回村发展，合作社帮助其担保，鼓励其利用惠农贷进行创业。

对于未来，塘约村规划详尽，将实施农旅结合，多措并举发展壮大村级集体经济。蔬菜分拣中心、会议中心、塘约温泉项目、大型水上乐园等项目勾勒出了

塘约村的美好未来。农业、旅游业并举，在现代化治理体系下，塘约找到了一条绿色、可持续发展之路。

四、塘约模式的评价与借鉴

贵州省安顺市塘约村以"党建引领、改革推动、合股联营、民主自治、共同富裕"为工作主线，充分发挥基层党组织的战斗堡垒作用，通过土地确权流转、巩固农村集体所有制、盘活农村自然资源、存量资产和人力资本，充分调动了农民的积极性，吸引大批外出打工的农民重返家园，实现了农业增效、农民增收、农村繁荣。村社合一的治理模式最大程度发挥了共产党员的先锋模范作用，有利于党和政府加强基层社会治理；农业产业结构的调整创新集中了社会生产力，专业化分工和集体协作，提高了村子的社会生产率，"以人为耕、以农为本、以文为心、以旅为轴"的发展蓝图发挥了农村旅游业的经济带动作用，实现了农民的经济增收，加快了塘约城乡一体化进程。

一直以来，我国农村发展过程中基础设施建设落后、农村经济发展生产经营发展模式落后、政策制度不健全、人才空心化等问题严重制约了新型农村的发展。而塘约村狠抓三个基本要义：一是狠抓农村产权制度这个基础性改革；二是狠抓农业经营这个关键性改革；三是狠抓乡村治理这个保障性改革，创立了村社合一的新型合作方式，加强农业体制创新。其在实现自身繁荣发展的同时，为我国广大乡村提供了一条新时代条件下合作化经营的新道路，破解了长期以来困扰农村发展的历史难题。

作　　者　　西北大学经济管理学院本科生　　李　倩　　陶　飘　　李重阳　　邓方艳　　李永国
　　　　　　　　　　　　　　　　　　　　曹丹丹　　闫乐文　　王嘉璐　　蒋　域　　陈珏琪
　　　　　　　　　　　　　　　　　　　　陈佩君

指导教师　　周宛瑾

实践调研报告篇

永远跟党走 青年乡村行

⑪ 关于延川县乡村振兴发展现状的调研报告

当前我国已经全面打赢了脱贫攻坚战,"三农"工作转入全面推进乡村振兴、加快农业农村现代化的新阶段。为进一步了解乡村振兴战略的实施情况,西北大学经济管理学院聚焦延安特色扶贫调研队于暑期组织进行调研活动,以村为单位围绕乡村振兴主题进行调研,了解各样本村现实发展的典型案例,为更好实施乡村振兴战略和各项农业改革措施提供数据支撑。

通过此次调研,一方面可以给其他村落振兴发展、致富变强提供思路和参考案例,让更多的乡村可以快速发展起来,让村民获得更多就业机会,同时使村里的孩子有更多更好的教育资源,村中的基础设施、设备、基本生活保障条件进一步完善;另一方面也可以从案例村庄的发展历程中找出问题和不足,为其他村落提示和警醒,及时改正,少走弯路。

同时,我们也希望通过此次调研活动,让更多人了解认知当前的乡村状况、踊跃参与乡村振兴战略实施,鼓励青年师生结合学科专业特色,以己之长,面向省内外欠发达地区和乡村,在教育关爱、医疗卫生、科技支农、文化艺术、爱心医疗、社会治理等领域开展实践,形成调研成果,记录建党百年以来社会发展变迁,为加快推进乡村振兴贡献青春力量。

一、研究问题现状、调研概况

(一)研究问题现状

调研队以陕西省延安市延川县乾坤湾镇的小程村、碾畔村、肥家山村等村子为调研目标,通过走访调查、发放问卷、专项采访等方式,从基层管理人员、外来务工人员和村民等不同角度,了解脱贫成果和乡村振兴战略实施情况。

1. 基础设施建设方面

在道路、电力、水力等围绕民生的方面集合人力物力，取得了丰硕的成果，新建维修改造安全饮水工程 74 处，解决了群众的吃水问题；新修通村沥青或水泥路 107 千米，维修油返砂道路 13 千米，维修乡村道路 98 千米、产业道路 65 千米，解决了群众的出行问题；落实教育扶贫，使义务教育阶段的学生都能接受教育；对 81 户 177 人兜底保障对象全部落实了兜底保障措施，做到了应保尽保、应养尽养；改造 10 千伏农电网 90 千米，0.4 千伏农电网 140 千米，更换变压器 44 台，集装用户下户线 1300 套，解决了群众的用电问题；易地移民搬迁 50 户 194 人，实施危房改造 440 户，解决了群众的住房安全问题。

这些基础设施的建设不仅改善了村民的生活环境，而且对乾坤湾镇的旅游文化产业也起到很大的助推作用。

2. 发展产业经济方面

面对农村劳动力的流失，如何为群众增收是一个值得深思的问题，采取的措施有：一是采取"土地流转、入股分红"模式，按照"公司＋合作社＋农户"的方式，向县文旅集团流转枣园 1.1 万亩，平地每亩按 500 元（山坡地每亩按 200 元）入股，签订流转合同 10 年，共涉及枣农 452 户（贫困户 235 户）；向陕果集团流转土地 2000 亩，每亩按 200 元入股，签订流转合同 20 年，共涉及农户 394 户（贫困户 46 户），2018 年年底再流转 2000 亩。同时，与县文旅集团、陕果集团签订就近务工协议，实现了在家劳动力"一份土地、两份收入"。二是采取"线上和线下"的营销模式，将优质杂粮、杂果通过农村电子商务、网络平台从线上销售出去；结合游客需求，在景区沿线建成 15 处售卖亭直接销售，有力地调动了群众发展特色农业、优质农业的积极性。三是采取"订单农业、保底收购"模式，与河北药业公司签订板蓝根收购协议 4500 亩，每亩保底收购价 1000 元，并购买农业保险，有效增加了群众的短期收入。四是引进世礼禽业和荣鑫农业两个龙头企业，以"公司＋农户"的方式，世礼禽业向农户免费发放鸡苗，待鸡产蛋后返还公司 20 个鸡蛋；荣鑫农业和贫困户合作，由贫困户代养 1 头母牛，待产牛犊后将母牛返回公司，牛犊归贫困户，为贫困户通过畜牧产业脱贫致富开辟了新渠道。

3. 生态旅游扶贫方面

乾坤湾的好风景给当地群众带来了好"钱景"。2019 年，全镇接待游客突破 100 万人次，实现旅游综合收入 1.6 亿元，直接或间接带动 217 户 765 人参与旅游

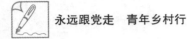

服务业，覆盖贫困户69户258人。

乾坤湾景区不断发展，灵活创造多样的就业岗位，就近吸纳本地贫困群众就业，增加了当地居民收入，助力乡村振兴。围绕乾坤湾景点共有19家农家乐，景区内部不少工作人员是当地居民，也有不少村民发展相关产业，在景区周围开起商店、餐馆、酒店等。

乾坤湾镇聚焦"两不愁三保障"脱贫目标任务，立足资源禀赋，依托优质文化旅游资源，以创建沿黄旅游特色小镇和市级文化旅游名镇为抓手，以乾坤湾景区创建5A级景区为契机，加快景区景点建设，完善旅游服务设施，带动全镇经济社会快速发展。

脱贫摘帽不是终点，而是新生活、新奋斗的起点。要在巩固脱贫攻坚成果上持续用力，不断促进贫困地区经济社会发展和群众生活改善，为接续推进乡村振兴打下坚实基础。

延川县乾坤湾镇通过景区开发，打造特色民俗村加快了脱贫的进程，而旅游业的发展也是其今后乡村振兴的支柱产业。尽管如今乾坤湾的基础设施等都得到了很大发展，但当地村民也提出了未来乡村振兴可能会面临的阻碍：他们认为乾坤湾景区的发展促进了居民就业，对村民的经济的带动作用非常大，但是没有外地人到村里投资，村里的农家乐和餐馆都是由本地人承办；在劳动力方面，青壮年劳动力大部分都选择去县城打工或者上学，留下老人在村里生活，劳动力严重不足。此外，当地养老补助主要是养老金，但养老金较少，且没有专门的养老机构。交通便利是旅游业发展的基础，在乡村振兴战略下，景区各村各个景点公路实现全覆盖，但景区占地面积大，各景点分布较分散，游客在观景途中耗费时间较长，通常只是"浅尝辄止"，并不会游览完所有景点。

乾坤湾镇立足当地实际，依托景区开发建设，打造旅游示范村、特色民俗村。这不仅使得村集体经济不断扩大，也满足了游客需求，同时助推旅游产业高质量发展和乡村振兴战略逐步实现，但是在开发过程中仍存在一些尚需解决的问题，需要当地政府从长远发展、人民利益等方面加以考虑和解决。

（二）调研概况

出发前，调研小组收集并研究了调研地的相关信息。

延川县土岗乡小程村，位于延安市东边130千米处。这里不仅有著名的天然景观乾坤湾,也有古墓群、古城遗址和千年古窑等。小程村也是一处民间艺术村,2001年9月至12月,全国著名的民俗文化学者靳之林先生和陕北艺术家冯山云先生前往小程村采风,倡导建立小程民间艺术村,并做了基础性工作。随后,延川县黄河原生态文化保护发展协会和延川县人民政府创建了小程民间艺术村。

碾畔村,隶属陕西省延安市延川县乾坤湾镇。碾畔村地处陕北黄土高原,秦晋黄河大峡谷西侧。村中主要以郭、冯、郝三姓为主,古时分居三个大院,每个大院落门外安一盘大碾,故而得名为碾盘村,由于谐音和地处黄河河畔,人们逐渐将"碾盘"写成"碾畔"。2019年6月6日,住房和城乡建设部将碾畔村列入第五批中国传统村落名录。

肥家山村,隶属牛家山行政村。肥家山红枣基地是延川县重点扶持单位。近年肥家山每到红枣成熟季节,就会遭遇阴雨天气,导致红枣开裂发霉,经济价值几近于零。延川县会同有关科研单位合作攻关,但尚未形成有效的解决方案。

二、数据分析

(一)乾坤湾镇接待旅游人次与旅游总收入

乾坤湾景区位于陕西省东北部延安市延川县,与众多古代长城墩台一起构成了中原的屏障,隔河与山西省相望。乾坤湾景区集观光、休闲、度假、科学考察于一体,境内自然景观奇特,人文历史悠久,红色文化厚重,民风民俗淳朴,是国家4A级旅游景区。2018中国黄河旅游大会上,乾坤湾景区被评为"中国黄河50景"。

近些年来乾坤湾镇旅游市场一片向好,2018年全镇共接待旅游游客462.65万人次,增长51.7%,实现综合收入24.81亿元、增长22.3%(图11-1)。其中碾畔村被住建部列入第五批中国传统村落名录。2018年开展了"一月一活动·一季一主题"系列文化旅游活动,配合省市县部门成功举办了"2018中国·沿黄观光路第二届山地自行车联赛""全国骑行者集结延安"骑行活动、道情说书大赛、越野车拉力赛等各类赛事。

(二)乾坤湾镇产业占比构成

乾坤湾全镇经济以种植养畜、红枣生产和黄河旅游三大产业为主。初步核算,

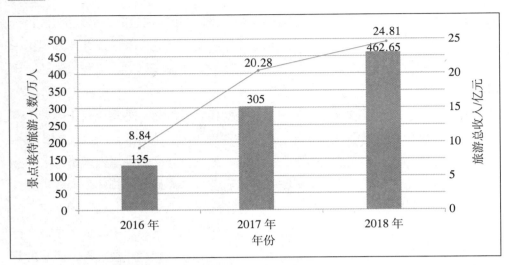

图 11-1　2016—2018 乾坤湾镇年接待旅游人次与旅游总收入

（资料来源：调研团队根据公开资料整理）

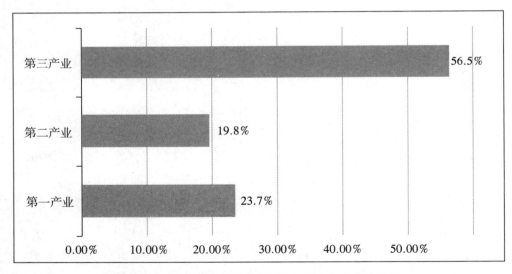

图 11-2　2020 年乾坤湾镇三大产业生产总值占比

（资料来源：调研团队根据公开资料整理）

2020 年乾坤湾镇实现生产总值约 1.1 亿元，比上年同期增长 7.8%。其中，第一产业增加值 0.16 亿元，增长 5.1%；第二产业增加值 0.29 亿元，下降 2.1%；第三产业增加值 0.65 亿元，增长 3.5%。第二产业占比下降 2.42 个百分点，第三产业占比提高 0.56 个百分点，产业结构以第三产业为主。总的来看，2011—2020 年，乾坤湾镇第一产业占比下降，第三产业占比上升，第二产业占比最小，第三产业占比最大。（图 11-2）

（三）乾坤湾镇第一产业土地构成

乾坤湾镇全镇总土地面积 132 平方千米，辖 20 个行政村，45 个自然村，60 个村民小组。2011 年，乾坤湾镇农业总产值 4586 万元。耕地面积 6.7 万亩，可利用草地面积 5.6 万亩，林地面积 3.2 万亩（图 11-3）。截至 2011 年年底，乾坤湾镇枣树种植面积 4.5 万亩，其中瓜果 3.2 万亩，产量 1.5 万吨，产值 2000 万元，品种以团枣、条枣、骏枣为主。

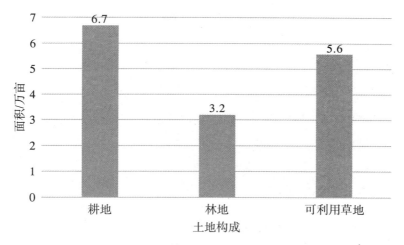

图 11-3 2011 年乾坤湾镇第一产业土地构成表

（资料来源：调研团队实地调研数据）

（四）借助旅游做文章，发展产业促增收

以文化旅游为核心，近几年的乾坤湾镇充分聚合当地有效资源，在积极推动文化旅游产业发展的同时，也在不断丰富相关的旅游产品和产业形态。

2017 年 2 月，枣香源生态养殖休闲园在乾坤湾落户。目前，在 120 亩枣树园内，各种禽类观光品种达到 8 种。为帮助当地贫困户依靠旅游产业致富，在镇政府的协助下，园区按照一只鸡返还 20 个鸡蛋的标准，免费向村里贫困户发放了 6 万

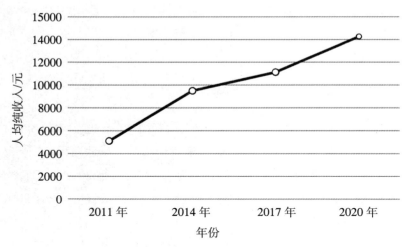

图 11-4　2011—2020 年乾坤湾镇农民人均纯收入表

（资料来源：调研团队根据公开资料整理）

多只鸡苗。

2017 年，乾坤湾镇旅游人数突破 90 万人次，旅游带动直接收入 500 余万元，间接推动了近 800 户农户发家致富和 374 户贫困户脱贫摘帽，全镇农民人均纯收入达到为 10190 元。（图 11-4）

三、问题讨论

（一）交通问题仍是制约乾坤湾景区整体发展的重要因素

乾坤湾景区为国家 4A 级景区，主要景点包括乾坤湾、清水湾、会峰寨、黄河栈道、伏羲码头、乾坤湾博物馆等。景区总占地面积 15000 亩，各景点分布较为分散，很难通过一次环形线路游览完所有景点。

交通便利是旅游业发展的基础，交通服务的完善不仅影响旅游者的决策和体验，也影响到景区的未来发展。景区的各村各个景点能够实现公路全覆盖，但景点分布分散，游客乘车时间长，大多数通常不会游览完所有景点，景区旅游景观没有得到充分展现。旅游景区内外部交通协调性差，景区交通供给不合理是目前一些旅游景区出现的主要问题。景区交通体系应以交通服务为纽带，调动景区各部分力量，调整旅游景区交通服务结构，提高旅游景区服务水平，促进旅游资源系统性开发利用。

(二)坚持发挥农村旅游业发展对当地乡村振兴的积极作用

乾坤湾景区的发展对当地乡村振兴起到很大的推动作用。延川县委、县政府非常重视乾坤湾景区的发展,紧紧围绕"打造精品,追求经典"的理念,从实际出发,坚持以政府为主导,各部门联动,加强社会参与的工作方针,以创建优秀景点为目标,促进当地经济发展转型。

在政府的支持下,景区工程、配套水利和交通道路建设等需求不断得到完善,在便利游客的同时也方便了当地居民,提高了居民生活质量,真正做到了便民利民。同时,乾坤湾景区不断发展,灵活创造多样的就业岗位,就近吸纳本地贫困群众就业,增加了当地居民收入。当地黄土沟壑纵横、山峦起伏,种植业严重依赖自然条件,生产风险大,当地特色农作物红枣每年成熟季节如遇恶劣自然天气,就会开裂发霉,品相破坏,使得农民一年的种植收入急剧下降。当地农民将土地流转,发展旅游业与相关产业,能够相对减少风险,增加经济收入。

(三)客流量对景区发展起到制约作用

疫情暴发以来,景区客流量与经济收益断崖式下降,整体经营受到极大冲击,在政府文件的引导与政策支持下,景区渐渐复苏。随着暑假来临,乾坤湾客流量日益增加,但与往年相比人流量较少。

四、结论与建议

(一)坚持发展乡村特色旅游产业

坚定落实"三农"政策,解决好农民的生计问题,维护当地村民的合理权益。整合当地的自然旅游资源和人文旅游资源,充分发挥当地特色,因地制宜发展特色旅游产业,由政府牵头,以村民为主,做到政府发挥带头作用,村民发挥好主力军作用,最终达到发展成果由当地村民共享,同时减少政府不必要的财政支出的目的,达到整个地区的帕累托最优。

一是对农产品进行适当加工,减少由于工农业之间的"剪刀差"对农业的损耗。例如肥水村的村民可以将红枣进行初级加工,在增加其附加价值的同时延长红枣的保质期，使得村民能从中获得更长期的收益。同时在盈利的基础上可以适当地扩大生产规模，这样不仅能够吸引部分青壮年回到乡村，缓解农村空心化的问题，促进当地经济的发展，还可以和外界一些厂商签订协议，以合理的价格约定在未来销售一定数量的红枣或者红枣加工品，以减少因为未来红枣市场的不稳定性导致的红枣价格的波动，在一定程度上保证村民的收入。

二是整合当地的自然景观和人文景观及活动，并在此基础上制定合理的旅游路线，最终使得当地形成较为完善的旅游体系。例如小程村可以将千年古窑、民俗博物馆和当地传统节目的表演纳入旅游路线中，并配备专门的讲解人员，给旅客更好更全面的旅游体验；还可以依靠当地良好的自然生态系统和淳朴的人文环境，打造田园生活，形成独具一格的旅游资源。

（二）培育新型农民

随着城乡二元化进程的加快，年轻劳动力大量涌入城市，导致乾坤湾周边农村劳动力老龄化严重，农村劳动力文化素质普遍偏低。建设新农村，农民是主体，要实现农业和农村现代化，需要培养千千万万有技术、会经营、懂管理的新型农民。

一是长期来看，要从根本上解决"三农"问题，需要从教育入手。从这个角度来讲，培育新型农民将为农业和农村现代化提供智力支持和人才保障，是新农村建设最本质、最核心的内容，也是最为迫切的要求。没有新生农村劳动力，没有农民素质的现代化，就不可能有农业和农村的现代化，也不可能实现新农村建设的目标。培育新型农民特别是青年农民使之成为建设新农村的中坚力量，让拥有较高素质的青年劳动力扎根农村，将是新农村建设的重中之重。要结合农村留守劳动力的实际，因地制宜，有针对性地举办农业科技培训班，实现农村留守劳动力由体力型向技术型、知识型转变，弥补当前农业技术劳动力的不足。

二是政府应尽快制定实施各类支持政策，鼓励外出务工的农民带回资金、技术，回乡创业，使之成为新农村建设的领头人，发展特色种植养殖、开发农村特色旅游。在新农村建设的大背景下，加强对农村青壮年劳动力的价值观引导，鼓励他们建设美好家园，对于新农村建设具有重大的现实意义。只有引导农村青壮年树立符合新农村建设发展需要的价值观，才能长期有效地激励他们建设美好家园，才能带动整个农村文化的变革和提升，才能长期地为持续推进新农村建设提供人力支持。

（三）大力发展"互联网+乡村旅游"

近年来，乡村生态旅游作为一种新型旅游模式愈加受到大众的认可，发展乡村旅游成了推动乡村振兴的有效方法。同时，"互联网+"时代的到来为传统行业的发展带来了新的契机。"互联网+"时代下的乡村生态旅游可以将互联网资源与农村当地旅游资源高度融合，一方面提高了当地乡村的知名度，为其吸引大量潜在的游客；另一方面也可以促进当地电商经济的发展，加快当地人民致富的速度。乾坤湾周边农村地区都具有一定的旅游资源，但调研过程中发现这些地区普遍存在宣传力度不足的问题。倘若可以更好地发挥互联网的宣传力与影响力，应当能够很好地改善这方面问题。

1. 利用互联网宣传助推乡村旅游

最行之有效地利用互联网的方式莫过于利用社交媒体录制以本村文化特色为主题的视频进行发布以达到广泛宣传的目的。例如小程村定期举办的"乾坤湾大舞台"民俗艺术演出就具有较高的观赏价值，可为宣传当地民俗文化发挥良好的作用。除此之外，当地的黄河源民俗博物馆拥有丰富的、能很好反映当地人民生活的馆藏物品，但由于其所处位置较为偏僻所以鲜有人问津，只要通过网络适当地加以宣传，就能起到吸引游客的作用。

2. 互联网使海量数据的存储与获取成为可能

近年来高速发展的人工智能技术更是将其发挥到极致，成功实现了根据用户需求在海量数据中精准定位目标信息的功能。将乾坤湾地区的自然景观、人文环境等图片和文字信息进行分类、整理，加入当地旅游信息数据库。将当地特色产业、服务项目等情况进行存储，建成数据库，通过人工智能技术，分析游客的个人喜好，量体裁衣，并为乾坤湾一带乡村景区匹配相应偏好的游客，增加客流量的同时也能提高游客的旅游体验进而为当地景区建立更好的名声。

（四）实行大村庄制

通过合并村庄的形式，使原本村域地缘相近、村经济发展不均衡、村规模大小不一的村庄合并，撤销原有行政村，由原有多村庄转向大村庄，实现村务自治统一与村集体资产管辖统一的状态，并通过多个村庄的合并，使原本居住分散的村民实现集中居住，以强村带动弱村，整合各村庄资源，实现多个村庄经济、社会的协同发展，加快推进农村城镇化与工业化进程。

一是自1978年实行改革开放以来，城乡流动加剧，城镇的快速发展急需大量劳动力，而农村中人力资本的付出与劳动收益所得难成正比，加之教育水平与公共服务水平的严重不平衡，农村居住吸引力大大降低，造成大量的农村人口外流，传统村庄边界被打破。通过村庄之间的合并，可以最大限度地集中乡村地区可用劳动力，同时对其进行统一的管理，进而实现规模性系统性产业的建设。

二是社会主义新农村建设对村务管理与实现村民自治提出更高的要求，其中，干部素质将直接关系到村务管理与农村自治程度和水平的提升。在原有多村庄状态下，各行政村只能从本村村民中进行选举，候选人的范围狭窄往往造成用人的标准不高，选人的渠道狭窄，导致村干部队伍先天不足。大村庄制的建设模式将村干部候选人范围从一村扩展到多村，扩大了村干部的选拔范围，从村干部来源上保证村干部队伍素质的提升，最大限度上选举出更有才干的干部队伍，从而进行新型农村社区的建设。

（五）整合资源，营造氛围，汇聚合力

一是健全投入机制。要抢抓"一带一路"倡议实施等发展机遇，积极争取中、省专项资金、扶贫项目和政策支持，建立长期稳定的政策和资金投入机制。要统筹整合民生项目资金、定点帮扶资金、涉农项目资金和信贷扶贫资金，集中财力办大事，发挥资金整体效益。

二是汇聚多方合力。要加大对现代农业企业的招商引资力度，加快土地流转步伐，采取企业流转、反租倒包形式，引导农户产业向标准化、科技化、规模化方向发展，逐步形成"产研供销"一条龙格局，促进产业发展、效益提升。

三是营造良好舆论氛围。要充分利用报纸杂志、广播、电视、网站等平台，对精准扶贫工作的思路目标、基本要求、政策措施和组织保障进行广泛宣传，营造守望相助的浓厚舆论氛围，激发全社会关注。

（六）发展数字普惠金融

当地政府应加强基础设施建设，尤其是网络电信设施的普及，为数字普惠金融的发展奠定基础，降低设立实体网点的成本，从而发挥普惠金融的作用。

一是政府和银行应该通过数字普惠金融对当地经济发展较为落后的地区实行

信贷政策的倾斜,使当地村民有一定的资金进行人力资源和实物资本的投资,最终形成良好循环,使得当地经济持续稳定发展,在发展到一定阶段后再减少信贷政策的倾斜。

二是政府和银行等应该加强对村民的金融教育,提高村民的金融素质。如果仅仅向村民发放贷款而忽略了对村民的金融素质教育,村民很可能将贷款得到的资金用于消费而非投资,反而加重了村民的债务负担。这样便无法发挥金融对经济的促进作用,不利于当地经济的持续发展。

三是政府应当协助银行等金融机构对村民的信用等级进行评估,以降低发生道德风险和逆向选择的概率。道德风险和逆向选择不仅不利于当地金融秩序的稳定,也不利于发挥数字普惠金融减贫的作用。只有银行等机构在确定了贷款人的信用等级后,才愿意响应国家发展普惠金融的号召,对当地进行信贷支持。

(七)营造良好旅游消费环境

以城市游客需求与乡村振兴为导向,整合乡村文旅资源,创新乡村旅游产品体系,强化乡村旅游公共服务体系。以深厚的优秀传统文化、优美的自然生态环境为乡村资源环境本底,整合乡村文旅资源体系,坚持农民参与主体性原则,坚持游客体验性原则,创新规划乡村旅游产品体系。

作　　者　西北大学经济管理学院本科生　王　睿　王敦淘　王诗雨　黄欣宇　袁方舒
　　　　　　　　　　　　　　　　　　　　郭怡婧　张艺涵　曹　坤　李佳睿　孔雅婷
　　　　　　　　　　　　　　　　　　　　张　婷　吴悉之　张雨晴　仇俊艳　李懿潮
　　　　　　　　　　　　　　　　　　　　郭　易　王嘉琦

指导教师　张　睿

永远跟党走 青年乡村行

12 关于宁陕县乡村旅游及乡村产业振兴的调研报告

乡村振兴是习近平总书记 2017 年 10 月 18 日在党的十九大报告中提出的重要战略部署。报告指出,"三农"问题是关系国计民生的根本性问题,必须始终把解决好"三农"问题作为全党工作的重中之重,实施乡村振兴战略。实施该战略,是解决新时代我国社会主要矛盾、实现"两个一百年"奋斗目标和中华民族伟大复兴的必然要求,具有重大现实意义和深远历史意义。从十九大的报告中也可以看出,"产业兴旺"是实现乡村振兴的基础,是实现发展的突破口,产业扶贫是脱贫攻坚的根本出路。贫困地区要顺利实现从脱贫攻坚到乡村振兴的衔接,必须从根本上转变产业扶贫的短期化偏向,构建产业发展的长效机制,完善产业支撑体系,从制度上保障产业发展的连续性。随着乡村振兴战略的全面实施,希望的田野上必将谱写"三农"问题的崭新诗篇,而发展乡村旅游将是实施乡村振兴战略的重要引擎。

本次调研选取陕西省安康市宁陕县作为主要调研对象,是因为多年来当地在乡村旅游及农村产业发展具有一定的基础。本次调研的目的是要探索当地在乡村振兴背景下如何进一步开发旅游产业助推振兴发展,从而进一步发现乡村振兴过程中农村主要存在的现实问题,以期思考解决这些问题的办法。总体而言,该活动有利于认识产业振兴在乡村振兴中的关键作用,为探索新型乡村振兴之路提供具体的有效案例;加快发展乡村产业,壮大县域经济,拓宽农民就业渠道,为解决乡村振兴战略推行过程中的问题提供思路。对于研究对象本身来讲,本次调研将深入探查该地发展状况,认识其具体存在的问题,以期为当地的发展提供更开阔的思路以及更具体全面的着手点;同时进一步在当地宣传乡村振兴战略的理念和思想,促进当地人民更加重视产业发展,尤其是开发旅游产业,从而有效推进当地经济发展、生活进步；通过产业发展，为乡村的现代化提供持久有力的支持。

一、研究问题现状

在宁陕县，调研了四个村。发现，这四个村对乡村振兴战略的执行都很积极，重点发展了乡村旅游产业。但是村中客流量并不大，且村民年龄及性别构成仍以老年人及妇女为主，村民收入结构仍以农业生产收入为主，村民之间也有一定的收入差距。

这些现象说明宁陕县通过旅游产业促进乡村振兴还存在一定问题，如相关配套设施发展不够充分以及宣传力度不够导致客源少等，但最主要的问题还是核心竞争力不够。宁陕县没有形成自己独具优势的品牌项目，与其他地方乡村旅游项目同质化现象严重，参与竞争优势不足。另一个问题是乡村振兴战略不能仅仅依靠服务业，还应与一、二产业融合发展，以当地特色农业如中蜂养殖等为依托，进行农产品的深加工，延长产业链、提高附加值，并在此基础上发展特色的体验项目、农家乐等，充分发挥自身优势。

二、问题分析

（一）依托自然资源的发展模式短板明显

在调研过程中，发现四个村庄均采用的是依托周边景观资源发展乡村旅游的发展模式，这与宁陕县自身具有的自然资源、土地、劳动力等生产要素禀赋较为缺乏有关，这在一定程度上限制了宁陕县各村庄的发展。由于乡村振兴发展的需要，宁陕县各村庄选择利用宁陕"秦岭之心"的称号对自然资源进行开发，将其打造成乡村旅游的景观资源，吸引陕西周边的游客前来，以实现带动当地村民收入的提升。但显著存在的问题是，这样的乡村振兴发展模式仍处于发展的初步阶段，发展的成果未能惠及全体村民。同时由于村庄内老龄化严重，青壮年劳动力大多受教育程度低，且选择在外务工，剩余劳动力劳动效率偏低，无法支撑起乡村旅游的需求。

（二）乡村旅游的规划不完善

在走访的过程中，渔湾村提出当前对乡村旅游的具体发展模式为：将村落打造成为"康氧"村庄，并以发展研学、周边露营等观光项目为辅助来发展乡村旅游。为此村庄挖掘相关的古道文化，将村中的能人发展为乡贤带领村民发展。但渔湾村的发展战略正处于起步阶段，存在着较为明显的问题。首先，该地发展乡村旅游的目标市场不确定，类似于渔湾村的发展模式在宁陕县的多个村庄都是常见的，当目标市场不明晰时就容易出现资源开发缺乏异质性的问题，即旅游资源的独特性不足，对游客的吸引力也不足。

其次，该地发展乡村旅游采用的吸引客源的方式也不确定。在走访中我们了解到，由于渔湾村受到交通不便问题的限制，真正进行乡村旅游与消费的客群较少，也就意味着渔湾村想要发展乡村旅游必须要有足够吸引客源的亮点来覆盖当地不便捷的交通条件。但当地的吸引力点在走访和了解的过程中并不明显，也就反映了当地存在较为显著的产业单一化问题。

最后，该地打开旅游资源的知名度宣传方式的选择也存在一定的问题。这集中体现在由于乡村旅游仍处于初级阶段，导致可进行宣传的亮点不足。同时该地由于地理位置偏僻等原因，其宣传也未能与新媒体平台等相结合，几个村落均存在着宣传效率低的问题。

（三）乡村旅游的资源规模化不足

由于该地的景区资源分散，也就导致该地的经济资源规模化存在着显著的问题。走访时我们了解到，该地依托秀美山水发展乡村旅游，在该地不便利的交通条件无法实现配套的情况下不利于游客进行参观，自然也无法实现规模效应来获得经济效益。

同时，以该地建设的民宿小屋为例，该民宿小屋规模较小，但居住报价为一个房间一晚1000元左右，同时包含了居住期间的餐食费用。但该民宿小屋配套的餐厅仍处于初步开发阶段，没有稳定的工作人员，也就意味着相关的配套不足，这是资源规模化的一大阻力。

（四）乡村旅游开发模式的涉及面不广

调研中我们了解到，渔湾村采用了"家庭＋合作社＋公司"的模式，即家庭作为土地资源等的使用权所有者，可以参与到合作社之中，将自己手中的资源进行权力的让渡从而获得报酬，而公司会将合作社整合好的资源进行打包经营，实现收益后给参与者进行分红。采取这样的经济发展模式一方面是由于我国土地资源本身具有的分散性与人地矛盾的历史问题带来的路径依赖下的选择，另一方面是由于意识到分散的资源无法直接实现规模经济而选择的一种高效的委托代理模式。但实际上在走访中我们发现，村民想要参与到集体经济正在运行的产业中存在着较为显著的问题。一个是参与所需的股本高，村民不具备较为充裕的资金，这也导致了集体经济对村民的激励程度不足；另外是政府部门间存在着沟通失调的问题，这也导致村庄的集体经济依托产业发展缓慢、村民缺乏信心，进而参与者较少。

同样以前文提到的民宿为例，经询问村民我们了解到，该民宿小屋建设时是将原本拥有该民宿小屋土地所有权的村民的土地进行流转后，将其房屋进行拆迁、重建与修整后建成，但民宿获得的收益并没有通过任何形式给予村民。也就是说该民宿建成后村民仅仅得到的是土地流转带来的收益，该收益不多且不具备显著的持续性，不利于村民形成较为稳定的预期。因此对村民的激励效果也不大，这是实际上存在着的显著问题。

（五）文化资源挖掘不足

在发展乡村旅游过程中，文化是一个重要因素，要深入挖掘乡村传统文化，将其与现代元素相融合，凸显当地文化特色，形成独特的文旅品牌，打造乡村旅游产品优势。但是通过调研发现几个村落都未能充分挖掘其文化资源，都采取依靠自然资源来发展旅游，宁陕县处于秦岭腹地，自然资源同质化严重，不利于旅游产业的发展。

（六）农户留守人员老龄化问题严重

老龄化问题是所有不发达村落的通病，在该地区也体现了出来。由于村内的发展机会很少，年轻人大多选择外出务工，留下老人和孩子，这导致村内缺少青壮年劳动力，老龄化、空心化问题极其严重。还有一点是平时我们未注意到的，因为家里只剩老人和孩子，加上村内的教育设施较落后，孩子大多在乡镇上学，年幼的孩子还无自理能力，所以老人就承担了照顾孩子的责任，这就进一步对还有一定劳动能力的老人形成限制，导致该地区劳动力严重不足情况恶化。

（七）旅游品牌知名度不足

在调研过程中我们发现，走访的四个村落虽都为旅游村落，但客流量很少，尤其是在暑假这样的旅游旺季。究其根本我们认为是因为当地的宣传力度不足，辐射范围仅为周边城市，并且对于新媒体平台的利用不充分。在后续的发展过程中要注重宣传，积极利用现代新媒体平台扩大知名度。

（八）政策落实有待进一步加强

调研过程中发现，将政策真正地普及落实到农户的寥寥无几。一是政策传导机制出现问题。二是政策宣传不到位，农户有兴趣参加，但因为不熟悉政策以至于不知道怎么参与其中。三是理想与现实的差距，例如项目已建设，但建设好之后难以盈利等。

三、结论与建议

在乡村振兴的战略背景下，通过对宁陕县四个村乡村振兴发展的调研数据进行分析，发现农业生产仍是宁陕县村民的主要收入来源。而推动宁陕县乡村振兴的旅游业和特色产业虽已取得一定的成果，但仍有很大的发展潜力。乡村振兴战略实施以来，宁陕县经济水平、基础设施、医疗环境、就业机会和产业开发等方面都得到大幅度改善，但劳动力流失严重、旅游规划缺乏科学性、资源流动性低等问题严重限制了宁陕县的进一步发展。为有效助推宁陕县乡村高质量发展，从以下几个方面提出建议。

（一）加快经济发展动力转换速度，延长农产品产业链

目前，宁陕县在特色旅游和特色农业发展上效果显著，如养蜂产业、花卉种植等，但产业较单薄，没有形成产业集聚的合力。由于宁陕县地理位置、人力资

实践调研报告篇

源及资金等因素的限制，实现乡村振兴仅靠自身是远远不够的，需要借助多方外力突破发展瓶颈。宁陕县应以蜜蜂、花卉和中草药等特色资源为突破口争取与国内大企业合作，以乡村振兴优惠政策吸引相关企业来宁陕县设厂。一方面延长宁陕县特色资源的加工制造链，另一方面增加可观的就业机会，为宁陕县乡村振兴提供循环动力。

（二）进一步推进高质量人才引进计划，并积极引导村民多元参与乡村振兴

宁陕县应以吸引旅游业和农业高质量人才为主推出人才引进计划，并深度发掘宁陕县当地在旅游业和农业方面有一技之长的"民间高手"。此外，一方面可以通过低息贷款、股权激励和按期分红等激励措施引导村民积极参与产业振兴。另一方面应鼓励村民可以以资金、厂房、技术和原材料等多种方式参与合作社，助力宁陕县乡村振兴。

（三）完善宁陕县道路交通网络和信息网络，实施"互联网＋乡村振兴"工程，畅通内外联系

宁陕县由于地理等各方面因素，道路交通网络和信息网络至今仍需完善，内外部资源畅通流动受到阻碍。这是影响宁陕县乡村振兴的关键因素，亟待相关部门关注。在大数据时代，电子商务是宁陕县推进乡村振兴不能错过的"快车道"，完善信息网络，建立电商流通平台，有利于快速扩大宁陕县特色农产品销售渠道，打响宁陕县旅游特色品牌。

（四）深挖当地旅游特色，善用已有优势打造宁陕县特有的旅游景区

宁陕县对于保护村落文化的意识和技术都已具备。因此，宁陕县有不少独具特点的古村落，相关部门可利用互联网等宣传方式突出古村落特色，吸引游客。此外，宁陕县可依靠已有的特色产业进一步加大旅游业的吸引力，如参观蜂蜜采取过程、参加果园摘采、参与种植小树苗计划和参观中草药种植园等，结合当地历史文化、生态文化、稀有物种等吸引游客，形成区别于其他景区的特色旅游文化。

永远跟党走　青年乡村行

（五）从思想、技能两个方面对村民进行培训，提升村民创业致富能力

首先，乡村振兴政策的普及是第一步。要积极向村民们宣传乡村振兴的相关政策，让他们了解到什么是乡村振兴，为什么要实施乡村振兴，以及他们如何参与乡村振兴。其次，相关部门应聘请专业人员对村民所需技能进行培训，不仅包括专业的农业生产技能还包括基础的互联网技能，缓解村民在社会发展中被逐渐边缘化的现象，加强村民与社会发展进程的联系，提升创业致富能力。

作　　者　西北大学经济管理学院研究生　胡瑾瑜　李佳瑶　方雯菁　周李婷
　　　　　　西北大学经济管理学院本科生　余　莹　周佳丽
指导教师　杜　勇　杨世攀

13 关于盐池县普惠金融助力产业振兴的调研报告

一、现状

党的十九大报告指出，让贫困人口和贫困地区同全国一道进入全面小康社会是我们党的庄严承诺。把金融扶贫作为脱贫攻坚的主要抓手，盐池县按照自治区《关于进一步加强银行业金融机构助推脱贫攻坚的实施意见》，出台了《盐池县金融扶贫实施方案》，采取诚信支撑、产融结合、风险防控、保险跟进、改革创新五大举措，破解了贫困户贷款难、贷款贵等难题，走出了一条依托金融创新推动产业发展、依靠产业发展带动贫困群众增收的富民之路。

2006年，盐池被确定为全国互助资金试点。从2006年到2016年，经过10年的探索，盐池的金融扶贫经验被国务院扶贫办总结为盐池模式。盐池模式得到广泛认可，并逐渐推广至全国。

（一）资金互助成为脱贫的坚实路径

盐池县现阶段的金融扶贫始于2006年建立互助资金。2006年，国务院扶贫办和财政部研究决定，在全国十几个省份遴选部分贫困村试点资金互助，为每个村平均注入15万元财政扶贫资金。

以花马池镇田记掌村为例，田记掌村的互助资金来源于黄河农业银行，该贷款利率低（基准利率），收得利息纳入村集体收入，因此由村干部等决定贷款人，以保证每年都可以收回相应的本金和利息。同时，各贷款人最高可贷款金额由银行向村子发放的资金总额决定（总额为200万元，则每户可贷2万元，若总额为500万元，每户可贷最高5万元，酌情分配贷款金额）。再者，国家贴息政策对于建档立卡户零起步，一旦贷款即有国家贴息，而非建档立卡户的农户，贷款5万元以上也可享受国家贴息。

永远跟党走 青年乡村行

31岁的张林海是深井村滩羊养殖户。在我们的调研过程中张林海表示，自己是建档立卡户，银行对自己的贷款优惠力度非常大，现在自己贷款的利率只有4厘（即年化利率4.8%）。自己通过使用这笔贷款养殖滩羊，获得了更多收益，不仅能还清贷款还能提高自己的收入，带来了相当大的便利。他还说，今年的行情欠佳，只能维持不亏不赚的状态，往年一直都在盈利。作为国企的滩羊集团，每年都会收购自己的滩羊，并且每只羊都有30元补贴。这些举措使他感受到了政府对养殖户的帮助和扶持。他补充道，自己村的村干部非常负责任，经常能为养殖户争取到政策优惠以及能产生较大收益的项目，很感谢基层干部为扶贫工作做出的贡献。

在交谈的过程中，笔者发现张林海家中配备了从羊场外到羊场内的无死角监控，随时能看到每只滩羊的状态，出现问题能够及时解决。笔者与队友感受到，国家的脱贫工作不是只停留在表面的消除贫困，已经深入到了引导养殖户科学养殖的层面。这些举措既实现了可持续发展，又能防止返贫的发生。

（二）扶贫保险成为脱贫的可靠兜底

互助资金缓解了贫困户和其他农户的资金需求，但其局限也十分明显。例如借贷资金额度较小，仅能满足以家庭为单位的小规模养殖需求，使得一般农户，特别是贫困户无法应对养殖过程中可能存在的意外和风险。任何风险损失都可能使他们再次陷入困境，所以如何降低他们在发展道路上的风险，确保产业做大做强，是另一个亟须破解的难题。

另外，根据相关资料显示，疾病、技术有限、意外灾害三种因素在盐池县贫困户致贫的各种原因中所占比重较大。（图13-1）

2016年，盐池县在总结提升扶贫小额贷款模式的基础上，针对盐池滩羊肉市场价格波动较大、因灾因病因婚致贫比重大、贫困群众发展信心不足、能力不强等因素，按照"保本、微利"原则，采取"政府+商业保险"方式，建立了"2+X"菜单式扶贫保险模式，实行低保费、高保额的特惠政策。为建档立卡贫困户量身打造了特色农业保险、羊肉价格保险、大病医疗补充保险等12种扶贫保险。

"2"即家庭综合意外伤害保险和大病补充医疗保险两个人身保险必须投保，这两个险种全县农村居民全覆盖；"X"即剩余其他10个险种，农户根据需求进行投保。（表13-1）

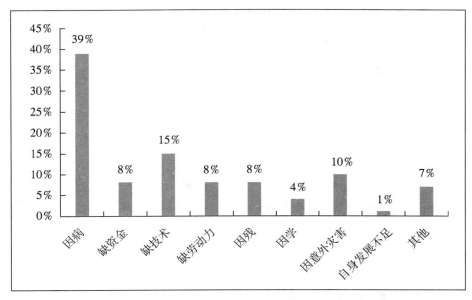

图 13-1 盐池县贫困户致贫原因分布情况

（资料来源：徐晓军，陆汉文．盐池内源脱贫样本［M］．
盐池内源脱贫样本，2020：233．）

表 13-1 "2+X" 菜单式"扶贫保"

中国人保财险	中国人寿
黄花菜种植保险	大病补充医疗保险
马铃薯收入保险	家庭综合意外伤害保险
玉米收益保险	老年人意外伤害险
荞麦产量保险	村级互助社成员保险
基础母羊、种公羊养殖保险	金融信贷险
能繁母猪养殖保险	—
滩羊肉价格指数保险	—

资料来源：调研团队根据公开资料整理。

在团队实际走访过程中，主要了解了"基础母羊、种公羊养殖保险"以及不在扶贫保中的防贫保险的具体情况。

永远跟党走　青年乡村行

"基础母羊、种公羊养殖保险"的实际情况为：羊只死亡一只赔付800元，其中基础母羊赔付比例为4%（即每100只母羊中最多赔付4只死亡母羊，超过4只以外的母羊不再赔付），育肥羊6%（即每100只育肥羊中最多赔付6只死亡育肥羊，超过6只以外的育肥羊不再赔付）。

防贫保险，即农户缴纳25元的意外险和45元的医疗保险，其中45元的医疗保险用于报销原有医保报销后的剩余部分，旨在防止已经成功脱贫的农户因为生病等不可抗因素的巨大开支而再次成为贫困户。考虑到发展状态，建档立卡户必须配合买入该项保险，遇到大病时，只需缴纳5000元，剩余由该保险承担报销；非建档立卡户，超过8000元报销。此举措有力地保障了脱贫的稳定，有效防止了大病返贫现象的出现，是当地政府对于脱贫攻坚道路的杰出作为。

（三）妇女贷款成为脱贫的有效途径

妇女贷款，顾名思义，是只向妇女提供借贷资金的金融扶贫方式，是由宁夏回族自治区妇联推出的一项创新性贷款方式。妇女贷款把有限的资金和金融服务相结合，充分利用国家优惠政策，激发农村妇女脱贫致富的内生动力，真正做到了造血式扶贫。

调研期间，我们采访到了田记掌村妇联主任魏淑霞女士。魏女士指出，妇女贷款向养殖户、种植户的女性开放，至今已有十余年的历史，贷款来自宁夏妇联的资金支持。魏女士表示，在各个银行都没有贷款的女性才有资格申请妇联的无息贷款（脱贫前无息，如今年化利率仅为2.4%，也就是俗称的2厘），田记掌村每年大约有5~6户申请，凡是申请的妇女最终都能批准放贷，审批时间大约一个月，且十年来没有坏账记录。魏女士补充道，在今年之前，符合条件的妇女只能贷款一次，一次可贷3年；自今年起，符合条件的妇女可以贷款三次，每次1~3年。

在询问的过程中，队员特别问及了对于不能归还的贷款有何解决措施。魏女士说，十年来从没遇到过这种情况，而且每笔贷款都能提前归还。仅从这一点即可看出，妇女贷款确实惠及了贷款群众。获得贷款的农民都能从这项贷款中获得更多收入，所以能够归还本金，进而巩固了脱贫成果，防止返贫。

农村妇女贷款满足了农村妇女创业的迫切需要，形成了一个新的农村创业群体，各地把促进妇女创业与发展地方优势特色产业和现代设施农业紧密结合起来。

随着家庭产业的不断扩大,女性收入不断增加,家庭地位、经济地位和社会地位显著提高,吸引了一些男性返乡与妻子共同创业,达到了兼顾家庭、老人和孩子的目的。

同时,农村妇女贷款工作进一步拓展了妇联组织参与经济社会建设的平台,深化了妇联工作的内涵,提高各级妇联组织为经济社会发展服务的能力。妇联干部对于政策法规和金融信用的知识掌握程度、业务素质和工作能力有了很大提高。妇联千方百计为妇女服务,使广大妇女深深感受到温暖,增强了妇联的政治性、先进性和群众性。

(四)扶贫先扶智 教育当为先

党的十八大以来,习近平总书记高度重视教育扶贫工作,多次对发展教育、提高贫困地区人民的经济社会文化水平等方针做出重要论述。2012年习近平总书记在河北省阜平县考察扶贫开发工作时指出:"治贫先治愚。要把下一代的教育工作做好,特别是要注重山区贫困地区下一代的成长。下一代要过上好生活,首先要有文化,这样将来他们的发展就完全不同。"

以盐池县第六小学为代表的盐池县地方义务教育,让我们的队伍切实感受到了当地教育理念之先进,以及绝不放弃每一个孩子的坚定信心。

7月18日,我们团队对盐池县第六小学校长包采娥女士、党委书记贾刚先生、班主任李小玲女士一同进行了采访。我们就几个当前社会的热点问题进行了提问,例如如何践行德育教育、对暑期托管问题的探索、怎样平衡素质教育与应试教育等,包采娥校长等人逐一对问题进行了耐心且清晰的回答,使我们受益匪浅。

问及德育教育如何展开时,包采娥校长认为,德育教育的普及是十分重要的,应该做到全员全程全学科育人。以社会主义核心价值观为主线,因为小学生的年龄特点,学校采取多样化活动的形式来启迪学生(升国旗、主题队会、班会、演讲、手抄报等)。近年来,为争取全国文明县城,未成年人思想建设成为全县十分重视的一个方面,这就要求学校协同教育局等进一步加强德育教育,做好立德树人的各项工作。贾刚书记补充道:"我们必须坚持以德为先,在教师和学生中开展德育教育的工作,将思政融入课堂,要求教师课前三分钟进行德育教育。同时,教师自身言行也将影响孩子的思想观念。同时提出三进——即社会主义核心价值观进教材、进课堂、进学生头脑,探索建立培育和践行社会主义核心价值观的长效机制，引导广大师生从我做起。"

对于"培养素质教育下的小学生还是应试教育下的小学生"这个问题，包采娥校长具有独到的见解，她表示小学生年龄较小，三观尚未形成，对于素质教育和应试教育不能有准确的认知，可能只是单纯地想要获得好的成绩、家长的表扬、活动的出彩等展示自己。对于读书的意义以及观念，可能是家长和老师强加给孩子的。这个年龄段的孩子并不能体会到"为中华之崛起而读书"的真正含义，但目前随着学校和教育局的理念改变，考试成绩权衡度下降，素质教育创新等方面受到重视，家长的理念也得到转变。农村孩子家长的出发点，更多倾向于孩子走向社会如何谋生。而伴随着大环境对于素质的重视，他们也逐渐开始重视孩子的素质教育。即使家长与家长的境界可能存在差异，但与国家政策也算得上不谋而合。家长为孩子们报名的补习班等多倾向于素质教育。

在关键问题"是否存在因贫困而辍学的现象"上，包采娥校长十分肯定地表示盐池县不存在这个问题，盐池县脱贫工作的成效位于全国前列。小学、中学属于义务教育阶段，所以不可能存在因贫困而辍学的情况。辍学的可能原因有年龄较大，考学没有出路，家长认为不如早点出去工作见识社会；也有孩子底子确实差，对学习没有兴趣，产生厌学心理，家长难以管理，只好任其选择。对于这些现象，政府采取包村包户到人，做家长、做学生的工作，确保孩子们都能返回学校上课。

除了我们队伍的主动问询，包采娥校长还向我们讲述了盐池县第六小学的办学理念，她说："教育理念要适应社会发展，六小的校训是'让好习惯伴我一生'，带领学生适应社会发展。围绕办学目标，提升教学质量，常态管理精细化。教学是学校的生命线，我们启迪老师'做有故事的教育，做有思想的老师，塑有思想的教室，育有素养的学生，最终办有特色的学校'。我们的愿景是办老百姓身边信得过的学校，目前可以保证片区内生源不流失，学校坚决贯彻落实各项政策，听党话跟党走，扶贫攻坚共同努力。"

她还补充道，盐池县第六小学于2019年9月开始招生，作为新学校会接收许多盐池县其他学校的学生。这些学生可能学习成绩不理想，但学校会引导他们发掘自身其他素质，在学校的帮助下他们有了自信，感受到了自己也可以被重视，学习也更加有动力了。这种心理和心态上的变化，可能会影响他们一生。

会谈结束后，包校长带领我们参观了校内的多个特色教室，例如智能钢琴教室、VR教室、陶艺室等，我们切实感受到了素质教育在基层教育中愈发突出的地位。笔者认为最具特色的是学生劳动实践基地，每个班级选择一种作物在各班级的土地上耕种、护理、收获，将"一粥一饭当思来之不易，一丝一缕恒念物力维艰""谁知盘中餐，粒粒皆辛苦"等道理融入学生的自身实践中。

经过一天的会谈和参观，我们深入了解了盐池县第六小学的教育情况。实践证明，盐池县第六小学做到了切断贫困的代际传递，确保了扶贫先扶智。我们深信盐池县第六小学一定会越办越好，盐池县的脱贫成效会越发坚固！

（五）巩固政策：多管齐下汇聚振兴合力

党的十九大报告指出，农业农村农民问题是关系国计民生的根本性问题，必须始终把解决好"三农"问题作为全党工作的重中之重，实施乡村振兴战略。

盐池县的脱贫攻坚战仍在继续，实现乡村振兴战略的脚步也已行进在路上，为早日迈入小康社会、实现共同富裕打下了坚实基础。盐池县在全国首批实现了全县脱贫摘帽，并在巩固脱贫攻坚成果的基础上，积极探索乡村振兴战略的提前布局与试点工作，为全国乡村振兴的对接与准备做出了有益的尝试。

一是加强筑基锻造振兴路。2020年，盐池县继续推进名单村巩固升级工程，弥补非贫困村基础设施建设的不足，切实加强交通、水利、人居等重点领域的基础支持，全面提高公共服务水平。总投资4.55亿元，其中扶贫专项资金1.63亿元，行业部门资金2.27亿元，县财政资金6500万元。

村组道路建设方面，将各自然村的主要连接道路改造硬化为沥青路或水泥路，对村道的断头路和连接道路进行检查和填筑，加强灌区生产道路的建设，确保农村生产道路的畅通。计划投资7001万元，其中扶贫专项资金6911万元，县财政资金90万元。在全县新修农村四级公路5条27千米；改造提升村组道路80千米，配套排水边沟、护坡及安全保护等设施；完成村组道路标志牌、防护栏安装，修建错车台等工程。

水利基础建设方面，着力改善贫困村的饮水安全和小流域综合治理，夯实水利发展的基础。盐池县东郭庄农村饮水安全巩固改造工程、水土保持等5项中小型水利工程竣工。计划投资3230万元，其中扶贫专项资金2250万元，行业部门资金760万元，县财政资金220万元（项目前期费用）。完成东郭庄等村铺设输水管道137千米，维修改造花马池镇等5个乡镇老旧管网及返乡户新建房通自来水；

实施武记掌、羊圈山等2条水土保持小流域综合治理工程，新增治理水土流失面积46.7平方千米；在大水坑镇新桥村实施砌护沟道2.36千米，新建穿路涵洞2座，生产桥1座，跌水3座，泄水陡坡1座。

产业基础设施整合升级项目建设方面，提高农村基础设施水平，建设高标准农田，提高农业综合生产能力，增加粮食产量，增加人民收入。计划投资1.02亿元，其中扶贫专项资金3250万元，行业部门资金6300万元，县财政资金624万元（项目前期费用）。完成花马池、高沙窝、青山等乡镇库井灌区小型节水改造3000亩；完成全县部分高标准农田及灌区主干道硬化（干支渠路）80千米；实施花马池镇、惠安堡镇、冯记沟乡6个高效节水灌溉工程，发展高效节水灌溉面积4万亩；在全县7个乡镇完成旱作农田农机深松7.5万亩。

二是培育人才夯实软实力。全面了解农村振兴人才数量、行业分布和综合素质现状，制定农村人才发展规划。39个村的党组织书记、村委会主任、村集体经济合作组织负责人实行"一肩挑"，年度就业补贴按明星党组织就业补贴的1.5倍发放。充分发挥"互联网+培训"的优势，围绕滩羊养殖、黄骅、小杂粮，组织新的职业农民培训班。深化"引凤还巢"工程，培养90多名返乡创业农民工，创新实施党校培养党性、高校提升经营理念、企业培养经营能力的"三位一体"培养模式，培养了353名村级后备干部和148名农村经营管理人才，储备了一批懂农业、爱农村、会经营的生力军。

三是文化浸润提振精气神。全面建设文化中心、新图书馆、村综合文化服务中心等公共文化基础设施，实现县乡村三级公共文化服务网络全覆盖。深入开展习近平新时代中国特色社会主义思想的学习教育活动。结合庆祝中国共产党成立100周年，优化"一个模式七大载体"互送共享文化惠民服务品牌，互传承独具盐池特色的滩羊文化、饮食文化、农牧文化，在村级建设一批村史博物馆或农业文化展厅，有效怀旧、激活记忆、传承文化。

四是绿色发展垒起金银山。加强县域生态恢复，开展植树造林和大规模土地绿化，建立生态保护机制，改善贫困地区生态环境；进一步查漏补缺，继续推动安居工程改造和完善；实施农村环境治理工程，努力实现村容整洁、生态环境改善、村风文明、人民生活富裕。

2020年，完成营造林9.3万亩；在全县8个乡镇完成22个村庄绿化；对全县88.57万亩公益林进行补偿；对全县实际承包到户的710万亩草原实施政策奖补；

实施农村户厕改造 2900 户；在全县范围内对 10 个村庄实施村庄整治建设；对全县农村地区生活垃圾、无主建筑垃圾进行清理、运输和无害化处理；对农村地区 86 个公厕和旱厕进行清理；完成王乐井乡王吾岔、石山子、边记洼 3 个村的猪场搬迁，实现人畜分离。

2017 年以来，共改造农村户厕 20547 座，全县农村户厕普及率达到 57.8%。实施天然林保护、封山育林、治理沙化土地 200 多万亩，森林面积 400 多万亩。生态环境发生了根本变化。大力推进高效节水转型，完善水资源管理机制，探索创新项目运行管理模式，开创高效节水灌溉农业发展新路子。目前，高效节水灌溉面积占全县总灌溉面积（46.8 万亩）的 98% 以上，农业灌溉有效利用系数达到 0.661，在全区处于领先地位，远远超过全国平均水平，盐池县成为全区第一个"全国高效节水灌溉示范县"。

二、盐池模式

（一）小黄花，大产业

黄花，又名金针菜、柠檬萱草、忘忧草，百合科多年生草本植物，花果期 5 月到 9 月，其性味甘凉，有清热、明目、安神等功效。同时，黄花自身具有抗病虫害作用和抗杂草能力，这些优势都大大减少了农药的使用，是绿色无公害的农产品。黄花南北均可种植，但种植区域多分布于秦岭以南。其中，湖南邵东、四川祁东被命名为"黄花菜原产地"，甘肃庆阳由于独特的地理环境，生产的黄花菜品质优良，远销海外。

1. 发展现状

宁夏盐池县干旱少雨、蒸发量大、日照充足、昼夜温差大，适宜黄花种植和采摘晾晒，所产黄花菜色泽金黄，菜条长达 10～12 厘米，相比甘肃、陕西、河南等黄花菜产区菜条长 2～4 厘米，且含糖量和营养价值更高，深受市场青睐。正是由于黄河灌区独特的地理环境，盐池县的黄花品质优良，种植历史也十分悠久，自古以来便有种植黄花的习惯，但一般种植于庭院作为食用观赏之用，并没有形成商品化的黄花种植产业。

而今，盐池县将黄花作为乡村振兴的重要产业进行发展，黄花产业作为"4+X"重点产业之一，已经形成了许多以合作社为单位的种植基地，产品远销广东、福建等省份。目前，盐池黄花菜已经获得农业部农产品地理标志认证、"2017年全国十佳蔬菜地标品牌"等荣誉称号。

盐池政府积极引导黄花产业发展，提出了"小黄花，大产业"的宣传口号，按照2020年黄花3∶2∶2种植政策进行补贴，对2020年新增黄花复验合格后每亩给予200元补助，黄花秸秆还田每亩补助20元。目前，盐池县种植黄花面积54平方千米，年产鲜黄花菜2.8万吨，干黄花菜0.4万吨，建成了隰宁堡、大坝、贾记圈3个黄花种植基地，形成了盐兴路、211国道沿线的黄花产业带，培育了专业合作社3家，申报"坤美""阳春"等多个黄花菜商标。盐池县国家黄花菜种植标准示范区已经于2018年顺利通过了自治区验收。

在全面打赢脱贫攻坚战的过程中，盐池的黄花产业为当地的产业扶贫做出了巨大贡献。以合作社为单位的黄花生产既促进了黄花规模化生产，提升了盐池黄花的竞争能力，又增加了农户的收入。一方面，部分规模较大的黄花合作社吸收农户流转的土地，通过土地承包费的形式增加了农户的资产权益收入；另一方面，黄花产业属于劳动密集型产业，采摘需要大量的劳动力，且对农户的技术水平要求不高，在生产、初加工环节实现了农户的参与。在黄花采收期，一个人采摘一斤能挣一元，人均工资可达到每天180～190元，这些均为当地合作社的农户提供了可观的收入来源。并且，相对于其他产业而言，黄花的采收期每年约为40天左右，集中在每年6月下旬至8月上旬，在其他时间农户还可外出务工获得收入。

盐池县特有的防贫保险对保障黄花产业的农户收入稳定增长功不可没。黄花菜种植保险金额为每亩1000元，主要承担因自然灾害及晾晒期间连续阴雨造成的损失。扶贫保险的兜底作用让种植农户多了一分底气，少了一分后顾之忧。

总而言之，盐池县黄花产业的发展一方面充分利用了当地独特的比较优势，带动了当地经济增长、产业发展；另一方面也将乡村振兴所带来的经济红利带给了农民，让农民实实在在获得了收入的增长。

2. 存在的问题

从产业扶贫、农户收入增加的角度来看，限制农户收入增加的主要原因仍然是部分小规模经营主体应对市场价格变化的能力较弱。例如，2020年黄花市场受到外界原因等导致价格偏低，每千克价格仅为12.5元，基本接近农户的生产成本，2021年市场行情较好，每千克预估可以卖到20元。农户抗价格波动能力较弱一方面是因为生产成本较高，农户自身调节生产、应对价格变化的能力弱；另一方面则是因为农户参与的环节基本止步于黄花生产与粗加工,产品附加值较低,仍处在完全竞争市场阶段,受价格变动影响大。

生产成本难以降低的限制因素主要是大部分地区黄花种植规模较小,难以享受规模成本效应。目前,除了部分规模化生产的种植基地外,盐池黄花产业主要分散在各个行政村中,其他经营主体仍以村级合作社、家庭散户为主,种植规模普遍较小,其成本受人工费用影响大。目前,盐池劳动力市场日均工资在180元左右,基本日结日清,黄花较高的人力成本提高了生产成本。通过实地走访调研我们发现,在黄花机械化中耕生产方面,由于种植面积小,使用农机中耕生产的成本反而更高。因此在这些经营主体中机械化率难以提高,反过来也制约了进一步的集约化、规模化生产,不利于降低黄花生产成本。

在加工环节,以家庭经营的散户为例。由于产量小,家庭不具备蒸干晾晒的条件,散户只能售卖当天采摘的鲜品到收购点,再集中进行加工。每7千克黄花鲜品仅能得到1千克干菜,鲜品本身收购价较低,加上粗加工等环节的利润大多因生产成本高而流失,散户可获得的利润十分微薄。

因缺少精细化加工环节而导致的产品低度差异化也加剧了价格波动的影响。许多合作社的加工水平也仅仅停留在将新鲜采摘得到的黄花做蒸处理,晾干后得到干菜,将产品大致按照质量分级后装袋,等待经销商拉走出售。由于与最终消费环节相隔较远、以销售制干初级品为主,即使黄花品质相对其他地区更好,产品的辨识度和竞争能力却仍然不突出,不能提升产品价值,只能服从经销商给出的市场统一价格。而从另一个角度来讲,缺少深加工环节也导致了农户难以获得产业链中后端的利润。

从产业发展的角度来看,当前限制盐池黄花产业做大做强的紧约束条件主要有生态、基础设施、加工能力和品牌等因素。

生态因素主要是水资源匮乏。黄花菜虽然耐旱,但持续缺水仍会导致品质下降。目前的综合灌溉定额难以满足黄花菜盛花期的用水需求,导致黄花菜菜条变短、产量下降。同时,六七月是黄花菜需水高峰期,供水指标不足会严重影响黄花菜的产量和质量。基础设施因素主要在于相关的晾晒储存设施不足。黄花采收后需要及时晾晒,晾晒场地不足、对鲜黄花的冷藏储存技术不成熟,都会影响黄花的产量与质量。加工能力不足主要是精深加工的技术不成熟和设备的欠缺。产品附加值不高,制约了盐池黄花产业向价值链更高的环节迈进。品牌市场占有率不高、有待进一步提高。目前，虽然已有"坤美""蕙宣王""阳春"商标，但由于起步晚、规模小、知名度较低，利用互联网等新兴销售渠道营销的水平还不够高。缺少竞争力较强，能够对产业发展起到带头作用的龙头企业。

3. 发展对策

一是引导规模化经营。通过加强对规模化标准化经营的激励政策，引导散户、合作社化零为整，在允许的生态限度下提高农户的组织化程度。可以按照"企业＋基地＋农户"的产业模式，建设稳定的供应基地，可稳定供销关系，并降低价格波动对农户收入的影响。培育新型经营主体，还有利于合理推广和利用农业机械、加工设备等降低生产成本、规范生产标准，以此获得规模效益。一方面可以通过鼓励经营主体积极探索新的流转模式和合作社发展方式，破除阻碍产业规模化发展的制度限制；另一方面也可以借鉴其他地区的先进经验，探索资产性收益扶贫的方式。

目前，盐池县积极推进黄花绿色标准化种植基地建设，在惠安堡镇大坝村打造一个5000亩黄花绿色标准化种植基地，在惠安堡狼布掌村，花马池镇盈德、惠泽、田记掌村等地打造3个共1.1万亩的种植示范区，每亩补助200元；培育专业合作社3家，仅针对黄花菜产业的补贴近1000万元。

在推广使用农机和加工设备方面，2021年盐池县对除黄花产业园以外的其他区域已建成的加工企业和合作社购置的黄花加工设施设备，均按照购置费用的30%给予补助，对农户购置的小型杀青设备给予40%的补助。

在标准化生产方面，盐池制定了宁夏回族自治区唯一的《宁夏露地黄花菜生产技术规程》《黄花菜制干技术规程》等生产标准规范，并以此指导农户实行全程绿色标准化种植。

二是健全相关基础设施。落实设施农业用地政策，统一规划，按照各个地方不同的种植规模合理规划晾晒用地、分配相关公共资源。重点要盘活农业集体建设用地，确保黄花加工企业顺利落地投产。目前，盐池县对完成混凝土晾晒场并投入运行的，每平方米补助20元。

三是引导产业链向下游延伸。全面拉长产业链条，有利于农户参与产业链下游附加值更高的环节，获得更高的收入；同时，精加工还有利于提升产品的差异化程度，减少价格波动对农户收入的影响。这就需要加强对龙头企业的培育，发挥龙头企业对整个产业的带动作用，加强对有实力的精深加工企业的招商引资。

政府可以通过补贴、税收优惠等软性措施和加强基础设施建设等手段降低企业进入的门槛，并给发展精加工、培育品牌的先行企业提供一定条件以弥补其外部性。

另外，也可以鼓励现有合作社向精加工发展，如政府可以通过贴息方式，鼓励金融机构加大对合作社、企业购买设备、投资建厂的贷款支持。直接利用财政资金进行补贴也是较为合理的做法。例如，2021年盐池县对进驻黄花产业融合发展项目区的各类经营主体购置黄花菜烘干、冷藏、分级包装等精深加工设备并投入运行的企业，按设施总价款的40%给予补助。

四是培育优势品牌。培育品牌是提高产品辨识度和附加值的重要举措之一。盐池县黄花菜相比其他地区的产品品质更好，但盐池黄花作为一个区域品牌在全国的知名度还不是很高，对黄花附加值的提升作用还不明显。因此，盐池政府可以抢抓乡村振兴的政策优势，加强与相关科研院校的合作，积极推广盐池黄花的招牌。与此同时，也要鼓励企业积极开展无公害、绿色、有机食品认证，在区域公用品牌的基础上集中力量打造一批有竞争力、有影响力的企业和产品品牌。一方面，可以以奖代补，加强对现有品牌的宣传和支持力度；另一方面，也可以引导企业探索多种营销方式，充分学习部分地区企业品牌打造的优秀经验。

（二）滩羊：从无人问津到国宴食材

盐池滩羊是生存在中国西北干旱半荒漠地区的一个独特的绵羊品种，由蒙古羊经过长期自然选择和人工选育而形成，为长脂尾、异质毛型二毛裘皮羊品种。滩羊为单胎动物，一年仅一胎，一胎一只，产量仅为内蒙古羊肉产量的百分之一。

盐池滩羊的产品主要有羊肉和毛裘皮。滩羊肉营养成分结构明显优于其他肉类食品，其羊肉中所含的链脂肪酸和风味氨基酸比其他品种羊肉高35%到80%。滩羊肉肉质细嫩，脂肪均匀，且无腥膻味，曾四次登上国宴。滩羊肉品质和营养优良的原因主要在于盐池独特的地理环境：盐池盐湖环绕，其水含氟，为天然弱碱性能够均衡肉质营养，中和羊肉中的膻味；盐州草原土壤中矿物质丰富，饲养滩羊的175种优质牧草中有115种中药材。盐池滩羊毛裘皮被誉为宁夏"五宝"之一，其有禾采之貌、毛色洁白，是裘皮中的上品，享誉世界近300年。

1. 发展现状

一是产业概况。宁夏盐池县作为"中国滩羊之乡"，是全国滩羊集中产区和宁

永远跟党走　青年乡村行

夏畜牧业生产重点县，以滩羊为主的畜牧业已成为盐池县的"一号产业"。目前，盐池县已经成功注册了"盐池滩羊"原产地证明商标、中国驰名商标（品牌）。盐池滩羊肉、二毛裘皮被农业部登记为农产品地理标志认定产品，"盐池滩羊"品牌价值已经达到71.1亿元。经过几年的品牌建设，2016年盐池滩羊荣获"一带一路"农产品品牌建设应用贡献奖和第十四届全国农产品博览会金奖。

　　滩羊产业的发展有力地促进了盐池县产业增效，已经成为盐池县农村经济的支柱产业（图13-2）。2021年，盐池滩羊饲养量达181万只，存栏量达141.5万只，滩羊产业产值已经占到该县畜牧业总产值的90%以上。①

　　盐池滩羊产业在促进减贫和乡村振兴方面也发挥了巨大的作用。根据盐池县农业技术推广服务中心的研究，盐池县滩羊产业的产值与当地农民人均可支配收入关联系数高达0.8097，以滩羊为主的特色产业对农民增收的贡献率达60%以上。这从定量分析的角度证明了盐池县滩羊产业的发展对当地农民人均可支配收入的巨大影响。

图13-2　滩羊产业在盐池县农业总产值中的比重
（资料来源：《盐池内源脱贫样本》）

---

① 数据来源于盐池县人民政府统计信息。

以本次调研的重点村落田记掌村农户为例。田记掌村正常情况下一年能出栏12万只羊，农户收入80%的来源为养殖滩羊，每户依靠低息贷款养殖约200只滩羊。部分养羊较少的农户可以只利用早晚的时间喂养羊只，白天时间既可以种植农作物，也可以选择打工。田记掌村每人每天打零工可以赚取150~180元，工作种类有摘黄花、除草、剪羊毛、流动餐饮、到鑫海集团打工等。经汇总计算，滩羊养殖能帮助农户每年每户增收数万元不等，极大地增加了农户的收入。

在产业扶贫的过程中，由于农产品生产的时滞性和农民调节生产的盲目性，贫困群众小而散的生产方式很难对接瞬息万变的市场。因此，盐池县在扶贫过程中注重将"小散户"转变为"大市场"，通过"龙头企业+基地+农户"龙头带动型、"支部+带头人+农户"支部推动型、"协会+合作社+农户"协会拉动型等创新性产业模式建立起产业发展与贫困户增收之间良好的利益联结机制。截至2019年，全县累计建设滩羊规模养殖基地320个，发展滩羊养殖合作社、家庭农场近500家，辐射带动农户1.98万户。

二是政策支持。对于盐池这一革命老区和曾经的国家级贫困县而言，要想把滩羊产业做大做强，政府主导的、能够发挥因势利导作用的产业政策是必不可少的。新结构经济学认为，产业政策成功的关键就在于能帮助具有潜在比较优势的产业破除其发展的紧约束条件。一方面，政府要对产业中先行者的外部性进行弥补，促使企业家积极探索新的符合比较优势的产业和技术；另一方面，随着要素禀赋结构的升级，政府还需要解决软硬基础设施的协调问题，以降低潜在比较优势产业的交易费用。

盐池县十分注重对滩羊产业先行者外部性的弥补，不断加大对滩羊产业财政扶持力度。2018年，全县滩羊产业发展投入资金10.986亿元，其中，争取国家财政项目资金1410万元，县财政发展扶持资金3450万元，撬动金融贷款10.5亿元。大规模的财政资金投入为盐池滩羊产业做大做强、提升附加值提供了物质保障。具体到养殖补助方面，2021年盐池县在全县范围内投放滩羊种公羊3000只，每只补助800元；对2019年、2020年已培育的34个示范村，经验收合格后，每只基础母羊给予100元饲料补助；新建、改建生态牧场60个。

为了培育"龙头企业+农户"的新型产业模式，政府利用因势利导的产业政策对与农户建立稳定购销关系、实行订单生产销售的企业予以引导和补偿。2016年，政府对订单收购销售量在500吨以上的企业，给予300万元贷款的贴息。对于探索新的营销方式、扩宽滩羊销售渠道的先行企业,政府以奖代补,充分调动了这些企业和商户的积极性。

在改善滩羊产业发展的软硬基础设施条件、降低交易费用的过程中,盐池县政府精准施策,从生产、运输、营销各个环节规范市场秩序,改善硬件基础设施条件。

在生产环节,盐池县通过制定各类技术规范积极规范滩羊生产流程,提升标准化生产水平,以破除滩羊市场健康发展的软性约束。同时,盐池县政府与科研院校合作,通过突破研发、育种、饲料等环节保证滩羊品种的质量,同步完善产业链的利益联结机制,不断强化种草、养羊、加工、销售全产业链培育。例如,盐池县滩羊育种院在政府补贴下向农户发放种公羊,展开农户养殖培训;打造牧草产业,围绕草畜一体方向,扩大优质牧草种植面积等。目前,全县共培育滩羊标准化养殖示范场30个,改造和完善养殖基础设施,每个示范场以奖代补5万~10万元,补助资金150万元。在具体的调研过程中,我们走访了以羊场养殖为主的深井村,得知村里的羊圈、养殖设施等固定资产大多由政府建设,用于村集体及合作社使用。通过政府财政及扶贫资金投入基础设施的方式,深井村真正实现了滩羊养殖的跨越式发展。

在屠宰运输环节,盐池县政府共投入资金450万元,用于补助按规划设计要求在盐池、银川建设滩羊广场和新建标准化滩羊专用屠宰加工厂建设,并在县城新建活羊交易市场,对养殖户到县城屠宰场屠宰的运输成本给予适当补助。同时,政府还对企业、合作社购进相关冷藏配送车辆,予以财政资金补助,并在2018年建成以盐池滩羊肉为主的盐池(富硒)农产品展示配送中心。

在营销环节,盐池县政府尤其注重对"盐池滩羊"区域公用战略品牌的建设。2015年,盐池投入150万元用于在列车车厢、机场广场、重点销售城市媒体等渠道进行广告宣传。2016年,盐池县委托浙江大学中国农业品牌研究中心对品牌进行了规划分析,提炼出品牌核心价值——"盐池滩羊,难得一尝"。2018年10月13日,"寻味盐池·鲜天下"盐池滩羊品牌推广会暨盐池县与盒马鲜生战略合作启动仪式在上海举办,这一活动标志着盐池滩羊正式入驻盒马鲜生门店,开启了从优质到优价的零售新模式。

盐池县政府对区域公用品牌的建设既提升了滩羊整个产业的知名度,为产品销售拓宽了渠道,也为滩羊企业的发展提供了正外部性,减少了企业对外宣传、扩宽销路的阻力。

三是普惠金融助力滩羊产业发展。盐池县普惠金融的发展对滩羊产业的发展具有极大的促进作用，其普惠金融助力脱贫攻坚的先进经验被称为盐池模式，成为金融助力农村产业发展的典范。全县形成了包括互助资金、千村信贷、评级授信、惠民小贷和保险保障等在内的全方位、立体式金融扶贫体系。这里主要就普惠金融中与滩羊产业直接相关的部分以及进村调研的具体案例来谈谈盐池模式的金融体系对滩羊产业的助力作用。

盐池金融扶贫 510 模式，即四级信用、互助互贷、融资发展、风险补偿、保险保障五项工程；四信平台、评级授信、互助资金、千村信贷、资金捆绑、小额信贷、融资担保、风险补偿、企业助力、扶贫保险十种模式。以互助资金为例，国家委托银行向每村发放一定金额的总贷款，利率仅为基准利率，剩余利息纳入村集体收入，由行政村自行决定贷款情况。其中，各贷款人最高可贷款金额由银行向每村发放的金额总额酌情决定。互助资金实行农户联保政策，几户为单位，为信用建设奠定了良好基础。而国家贴息政策对于建档立卡户无门槛，即只要贷款就能获得国家贴息。非建档立卡户贷款 5 万元以上也可以享受贴息。截至 2018 年 12 月，盐池县互助资金规模已经达到了 2.27 亿元。

金融贷款对滩羊产业扩大产量，特别是农户扩大养殖规模具有十分关键的作用。以调研的重点村田记掌村为例。田记掌村的互助资金来源于黄河农业银行，在我们调查的农户中，大部分人都向银行申请了低息贷款，平均每户申请了 10 万到 20 多万不等。

防贫保险。盐池县全面推行防贫保险政策，与滩羊养殖直接相关的保险主要有羊只养殖保险和羊只综合收益保险两大类。其中，羊只养殖保险为每只羊保险费 32 元，群众自筹 6 元，政府负担剩下的费用，保险金额为每只 800 元；综合收益保险保障养殖农户的基本收入，每只保险费 40 元，群众自筹 9.6 元。保险金额为每只 1000 元。约定保价为 30 元每斤，胴体重量每只 33.33 斤。滩羊保险一方面有效减少了农户因灾损失，保障了养殖户的基本收益，另一方面也是提升农户应对市场价格波动能力的举动。收益有了基本保障，农户抵御价格风险的能力就会增强，农户也会拥有扩大养殖规模的积极性，整个产业才会更快更好地向前发展。

四是养殖模式。滩羊养殖作为产业链的前端，其发展状况与农民收入直接相关。目前，盐池滩羊产业农户的养殖模式主要有以下几种：

第一种：支部＋致富带头人＋农户。即以一户致富带头人带动几户农户。致富带头人的带富能力一般由人力资本、社会资本和带富意愿构成，通过"干中学"异质性人力资本带动本村镇脱贫致富。致富带头人可以在力所能及的范围内，将养殖经验和技术传授给农户。

一是基层干部、带头人对农户生产决策产生的引导作用有限。在与村干部的谈话过程中我们发现，一方面，目前信息化程度高，市场价格调控迅速，农户获取市场信息的渠道十分多样；另一方面，村支部、致富带头人与农户之间没有明确的义务关系或利益联结，引导作用基本取决于带头人的人力资本和带富意愿以及农户的接受程度，发挥作用的空间比较有限。

二是传统的散户生产模式没有根本改变。农户仍然以传统的散户—经销商收购模式为主，农户的组织化程度很低，整体处在市场弱势地位，应对价格波动的能力较弱。经过调查我们发现，农户羊只的出售方式基本局限于经销商进村收购或送到屠宰场屠宰后出售给经销商。流转销售方式的局限也限制了农户收入的提升。

在调研过程中，我们发现，很多农户都是依靠小额贷款进行扩大再生产。价格上涨，利润增加，部分农户不顾自身能力扩大养殖规模，一旦价格下跌，利润受损，这些农户很快就失去生产信心，乃至亏损到失去继续扩大规模的能力，进一步缩减养殖规模，引发恶性循环。因此，限制农户扩大规模的主要原因是市场价格波动的影响。

散户生产应对自然灾害的能力也比较弱。盐池县干旱问题严重，干旱不但带来浇灌水量问题，还带来了病虫灾害。虫害肆虐提高了农作物中药材对农药的需求量，加大了农户的成本。当前盐池滩羊基本以圈养为主，许多农户通过流转土地种植玉米作为养殖饲料。因此，农作物收成的减少将导致农户养殖饲料的短缺，进一步促使滩羊产量减少，各户收入也会随之降低。

市场弱势地位带来的还有农户在收购环节缺少议价权。在这种产业模式下，农户销售渠道相对受限，除少部分进行活羊销售外，多数选择把羊只屠宰或直接销售给经销商，中小规模的经销商根据市场价格调节收购价格，基本上稳赚不赔，价格弹性带来的不利影响全部由弱势的农户承担。再者，屠宰羊只时，羊杂等部位的收入基本归于屠宰场，同时，屠宰场往往还会严格管控农户羊只的重量，优先屠宰熟人的羊只，这些举措都进一步导致了农户收入的减少。

散户经营标准化生产水平不高,不利于滩羊品牌形象的维护。盐池县政府推动滩羊育种建设,保证滩羊品种质量,品牌总体发展趋势向好,但由于散户标准化生产程度较低,仍存在一些漏洞:屠宰过程中,由于缺乏监管,农户经常会在屠宰滩羊的过程中同时屠宰一些杂羊充做纯种滩羊,导致同一批屠宰的羊肉出现品质问题。同样存在问题的还有收购时的捆绑销售现象。盐池滩羊以30~35斤属于精品羊范畴,过大的羊只销路困难,品质也会下降。因此,部分农户在收购时选择将大羊和小羊混合销售,以获取更好的价格。这些农户养殖、收购过程中的标准化问题都影响到品牌的进一步发展。

一些学者认为,提高农户的组织化程度是解决"小农户"与"大市场"矛盾的基本途径。致富带头人的带富能力受到自身人力资本、带富意愿等条件的限制,对散户的影响毕竟有限,寻求合作化、规模化养殖仍然是改变农民市场不利地位的最佳出路。目前,部分村落有一些养殖户将羊圈安置在集体划定的养殖区,现已逐步形成规模。

盐池县已经有相当成熟的普惠金融、千村小微贷款经验,这些金融体系的建立无一不是依靠基层自治组织强大的组织能力。或许依托强大的普惠金融体系为内核,盐池县已经探索出一条特色的产业规模化发展道路。

第二种:协会+合作社+农户。即以合作社形式带动农户养殖滩羊,协会则主要负责滩羊标准化生产和协调企业、合作社和养殖户有序生产、销售。2015年,盐池县滩羊产业发展协会挂牌成立,其所有制形式为社会团体组织,涵盖羊肉加工、皮毛加工、各种养殖公司71家,滩羊养殖合作社62家,家庭农牧场37家,经销店铺47家,通过县、乡、村三级协会,建立规范行业自律、统一生产标准。与第一种模式相比,这种模式规模化、标准化程度更高,抵御风险的能力更强。

以本次调查的深井村为例。深井村以羊场、合作社养殖为主,养殖规模普遍更大,收入增长相对稳定,抵抗价格波动的能力也更强。在进村采访一位养殖户的过程中,大哥谈及受市场价格波动的影响较小的原因时,对我们解释道,他一年养殖三茬羊,年收入能够达到20多万元,每一茬羊规模均在500多只。即便年初第一茬羊出栏时市场价格不景气,后面他也不会大量减少养殖数量。由于养殖规模较大,后续的几茬总能弥补亏损乃至盈利,因此市场价格的正常波动对收入的影响不大。

但被问及大规模饲养能否降低每只羊的养殖成本时,他表示100只羊与五六百只羊的养殖方式没有任何不同，不存在使用机械或其他规模化养殖工具降低成本的情况。问及学习了科学养殖方法对自身技术提升是否有用时，大哥认为他自己的方法更好，技术学了却很少用到实践中。

部分合作社合作形式松散，没有充分发挥农民合作社经营的优势。走访调查过程中我们发现，许多农户虽然养殖规模普遍较大，但主要还是以家户经营为主，自负盈亏。农户大多承包了羊场的羊圈，共同使用政府建设的基础设施，但并不是以合作社的形式统一经营。一些农户认为合作社的运营方式陈旧，不能适应现代化经营。这种承包羊场的经营方式，虽然设施相对完善，但实际上并不能发挥合作社规模化、标准化生产以及对接市场的优势。

养殖机械化、自动化、信息化程度低，不能充分发挥规模化养殖的优势。通过走访调查我们发现，部分农户、羊场的养殖方式与普通散户圈养基本没有区别，在饲料、饲喂、清扫、病害防治等方面也很少使用机械化设备。在科学饲养技术的普及使用方面，部分农户由于承包经营的模式，技术方法的推广使用仍然存在一些障碍。这些都不利于降低养殖成本，获得规模效益，更不利于养殖的标准化和附加值的提升。

因此，需要提升合作化、规模化程度，再造产业链条仍然是将滩羊产业发展与农户增收紧密结合的关键点。改进合作社的经营方式，破除发挥合作化优势的制度壁垒至关重要。当前的农业合作社不仅要依托政府给予的政策优势，更要主动加强与下游企业、科研院校的合作，学习发达地区集体化的先进经验，以提升市场竞争力和对农户的吸引力。

第三种：龙头企业＋基地＋农户。即以产业龙头企业带动养殖基地和农户的模式。龙头企业一般通过订单收购等方式建立与农户相联结的利益关系。为了充分发挥龙头企业的带动作用，盐池县加快了中民盐池滩羊股份有限公司的高质量发展，并组建了盐池滩羊集团公司。目前，盐池县主要有滩羊集团和鑫海公司两家龙头企业，他们以投资、契约关联和生产经营协作等多种方式，引导、整合现有牧草种植加工和滩羊生产、加工、销售企业等滩羊产业链上的新型农业经营主体和各种资源，增强盐池滩羊市场竞争力，充分发挥产业扶贫作用。

订单式生产在保障农户稳定增收、促进标准化生产方面均发挥了较大作用。目前盐池县政策规定，在羊肉市场价格低于养殖成本价时，企业在市场价格的基础上加价10%收购；在羊肉市场价格高于养殖成本价时，企业在市场价格基础上

实践调研报告篇

加价8%收购，这充分保障了养殖户的利润。同时，由于订单式生产的特点，企业会积极加强对农户的技术培训以及对滩羊品质、标准化生产等各方面的监管，以保证自身品牌的信誉。

由于企业品质监管的要求，订单式生产可能对农户有比较高的门槛；由于滩羊产业本身龙头企业较少、带动作用还不够强，目前订单式生产的规模还不够大，普及的农户还不够多。但订单式生产本身符合产业标准化、现代化的发展方向，未来或许将成为滩羊产业发展模式创新的新风口。

第四种：私人定制。即客户可以通过微信、电话或实地考察，认购并监测养殖过程的销售方式。这种销售模式以生态牧场居多，部分农户家中也安装了摄像头，用以实时监控滩羊状况。随着"盐池滩羊"品牌定位逐渐向着高端化、精品化迈进，定制等高端销售模式也应运而生。对养殖户来说，认养羊的订购者有企业也有个人，主要销往北京、上海、广州等一线城市及东部沿海省份，最远可销往我国港澳地区；认养规模从2016年的1000只升至目前的8000只以上。据了解，每只私人订购的滩羊价格可卖到3000元以上，比普通养殖价格高出一倍多，利润丰厚。

这种模式对养殖户的门槛要求较高，一方面需要有相应的销售渠道；另一方面也需要购置相应的监控设备，需要有专门公司负责管理。未来，私人定制可以作为滩羊向中高端方向发展的新业态，通过专业平台将消费者和农户直接联系在一起，以更大程度地提升产品附加值。

大企业规模化生产并不能产生规模效益，生产成本反而因为各方面费用更高。目前，车间生产成本对比散户并没有价格优势，因此价格竞争力较差。

为了提升产量，保证出肉率，部分规模生产的大企业饲养重量比标准的精品羊重量更大，这会导致产品的肉质和口感下降，不利于品牌形象树立。

大企业在产品流转加工过程中物资调配不够及时合理，大批量买入和出售往往会导致羊肉在冷库长时间积压，降低羊肉的质量和风味。而规模较小的经销企业则相对更加灵活，产品品质也更好，因此在当地市场上竞争力更强。

而被问及中小经销企业目前阻碍规模扩大的发展瓶颈时，他认为中小零售商虽然具有价格优势，但利润仍然比较微薄。除去水电费、送货费等费用，再加上水分蒸发导致的羊只重量减少，羊贩每斤约有3~5元的利润空间。但经销商基本不会受到市场价格变化的影响，价格波动的负面影响全部由养殖户承担。

2. 产业总体存在的问题

从产业总体发展而言,在调研过程中,我们发现了以下几个可能存在的问题。

一是饲料喂养问题。盐池滩羊原本以放养为主,牧草喂养肉质更佳但生长期较长。近些年,盐池县因为草场退化等生态原因开始禁止放羊,全部改为圈养羊只。圈养不仅增加了滩羊的产量,也加快了滩羊出栏的速度,但对滩羊的肉质有一定影响。为此,滩羊集团等大型企业开始使用科学配比的健康饲料替代纯饲料喂养,改善羊肉品质。盐池县部分地区也开始发展生态牧场,助力滩羊产业在生态可持续的基础上实现价值的增值。但目前许多农户仍以饲料为主要喂养方式,这在一定程度上不利于滩羊产业规模扩大与品质保证之间矛盾的解决。

二是滩羊品质的维护与"优质不优价"问题。2015年,盐池滩羊市场进入低谷,滩羊肉和普通羊肉混着卖,滩羊养殖甚至到了成本难以回收的地步。滩羊肉虽然品质更好,但与蒙古羊相比,滩羊产崽少,产量低,而杂交羊一胎可产三四只羊羔。即使滩羊价格较高,每只赚的利润更高,也难以和占绝对数量的杂交羊相提并论。因此,部分农户开始把杂交羊与滩羊混合销售,这一方面降低了滩羊品种的质量,造成"劣币驱逐良币"的现象,另一方面也对"盐池滩羊"的品牌声誉造成负面影响。在走访调查过程中,许多农户养殖蒙古羊的规模较大甚至与滩羊规模相当。问及原因,农户往往认为蒙古羊脂肪含量更低,没有滩羊大量的羊尾油脂,符合现代人对健康的追求,因此更好销售。在市面上流转销售时,也确实存在羊尾难卖、售价较其他部位偏低的情况。但也有部分干部、农户认为滩羊品质更好、独具特色,相比其他羊效益更高。

滩羊品种退化、被其他羊种排挤市场的现象不单单源于农户在市场条件下自发的逐利行为,其根源更多地反映出滩羊高层次的市场定位和优质不优价现象之间的矛盾。盐池滩羊在品牌规划时强调物以稀为贵,希望借此提升滩羊价值,走中高端市场的路线。虽然许多大公司因此拓宽了中东部发达地区的市场,但农户养殖、中小公司经销的滩羊大部分消费市场仍然在宁夏本地,难以体现出滩羊质量上的优势,反而导致局部的供求失衡,影响产业整体健康发展。因此,现阶段滩羊产业的定位既要向高层次、高附加值的销售市场靠拢,也要兼顾本地市场较大的消费需求。在推广上既要打出响亮的龙头企业品牌,也要大力支持本土中小品牌的发育。在品牌规划设计上,不仅要有物以稀为贵的意识,也要加强中低端、附加值和加工水平较低的市场建设,让价格和效用实现统一。

实践调研报告篇

三是滩羊深加工环节较少,农户参与程度不够,不利于产业扶贫和农户增收。目前,虽然部分销往发达地区的生鲜产品能够卖出较高的价格,但滩羊产业下游产品尚不够丰富,知名度不够高,也很少有农户能够参与这些高附加值的环节。农民合作社一般局限于滩羊养殖环节,很少有参与下游环节的利润分配,因此受市场价格波动影响较大,利润空间相对微薄。

四是退耕还草与休牧问题。调研过程中,部分村干部反映,可以用休牧替代圈养。盐池县部分村落种植的是乔木灌木,羊只会吃嫩叶而不伤及草根树根,羊的活动还会防止土壤板结。羊吃掉上层枯叶后,还能降低发生火灾的风险。还有村民认为,养殖和退耕还草可以有机结合起来,退耕后的草地成为天然牧场,可以使得滩羊的饲料得到补充。而滩羊在草地进食,则可以带来肥料,有利于草的生长。因此,退耕还林在带来生态效应的同时还能带来经济效益。

作　　者　西北大学经济管理学院本科生　闫文昱　熊冰飞　阳泉　宋佩轩　崔丹虹
　　　　　　　　　　　　　　　　　　武梦凡　孟婧瑶　向博麟　韩嘉曦　谷佳忆

指导教师　郭俊华　齐江海

14 关于乡村振兴背景下陕西子长产业升级路径的调研报告

为了加快推进乡村振兴战略的实施，切实体验乡村民众生活，调研乡村社会现状，通过实践活动提高社会实践能力和思想认识，西北大学暑期实践队于2021年7月18日前往陕西省子长市开展暑期三下乡社会实践活动。调研小组历时4天，通过参观学习、入户调研等方式对子长市颇具当地特色的扶贫项目、地区产业、脱贫示范村等进行了调查探究，形成实践调研总结。

一、子长市总体概况

（一）农村经济发展现状

2016年至2020年的五年间，子长市紧盯全面小康，奋力追赶超越，综合实力明显增强，农村居民经济状况保持稳中向好的运行态势。

（二）红色文化

子长是谢子长的故乡，中央红军万里长征的落脚点和抗日东征的出发地，土地革命后期为中共中央和中华苏维埃政府所在地，1949年后定为革命老根据地之一，先后有10名子长籍军人被授予少将以上军衔，素有"红都"和"将军县"之美誉。

（三）脱贫攻坚

早在2018年9月底，子长市脱贫攻坚工作各项目标任务已基本达成。贫困村退出指标中，行政村道路达标率、安全饮水工程达标率、电力入户达标率、标准化村卫生室达标率均达到100%，村级扶贫互助资金协会实现了全覆盖。贫困户脱贫指标中，通过有针对性地实施产业发展、就业创业、搬迁安置、生态补偿、教育扶智、医疗救助、兜底保障、社会帮扶等措施，有劳动能力的贫困户产业发展达到100%。

（四）访村落收入情况及组成

团队此次走访的子长市凉水湾村和南程村已全部脱贫，特别是凉水湾村还被评为"美丽宜居示范村"，经济发展总体态势较好。走访村落居民的经济收入主要包括两方面：一是种植业收入，二是务工收入。从获得的数据中可得出，凉水湾村的种植业平均年收入为2051.8元，务工平均年收入为19818.2元；南程村的种植业平均年收入为273元，务工平均年收入为10000元。在与南程村村民交谈过程中，我们了解到一方面南程村村民的人均土地面积较小，且大多数用于种植蔬菜、玉米等作物供自家生产生活需要，这也是导致南程村种植业人均收入较低的原因之一；另一方面，南程村受访乡民多为老人，大多青壮年出门务工，劳动力水平较低，作物种植面积较少。最后，我们统计了走访村落的人均收入情况，凉水湾村的人均收入为8859元，南程村的人均收入为26030元（有一家人做生意，年收入较高，拉高了南程村总体人均收入），相对而言较为可观。总体而言，调研村落的群众生活持续改善，村落自身综合实力不断增强，脱贫攻坚成效显著。

此外，通过数据对比，发现南程村村民的人均收入在各个范围的分布比较均匀，而凉水湾示范村，低收入村民明显较少。在进行两村人均收入的分析时，我们发现南程村的人均收入远高于凉水湾人均收入，这是受到了个别数据的影响。

（五）村民整体生活状况

在走访过程中，能够比较直观地感受到凉水湾示范村的村民生活水平高于南程村村民生活水平，通过分析收集到的数据也能较为清晰地反映两村生活状态。

凉水湾村和南程村村干部积极探索新兴扶贫产业，建立合作社促进农民、企业双赢局面，使得子长市凉水湾村和南程村农民合作社从数量发展向质量提升转变，经营实力、发展活力和辐射带动能力不断加强。但当前农业合作社发展中仍面临着诸多短板和制约，部分农民不参加是由于资金不足，还有的是由于不了解合作社的组织经营情况而未参加。

在南程村介绍入户调查的几家农户中，只有一家参与了合作社，其余均未参与。而凉水湾示范村的参与人数与未参与人数较为相近，未参与人数只是略高于参与人数。这可能是因为凉水湾的产业扶贫较为完善，在扶贫书记的介绍中，我

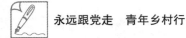

们得知凉水湾村民参与合作社的情况非常可观，有不少村民借助扶贫产业脱贫。

除此之外，团队对两村的六通实现情况进行对比，凉水湾的六通实现情况明显好于南程村，基本上实现了全村通水、通路、通电、通班车、通电视，大部分人家实现了通宽带。而南程村仅有部分村民实现了通水，大部分村民需要借助水井打水，通电视、通宽带的情况也明显劣于凉水湾村。

二、存在问题

（一）人才缺失严重

人才是实施乡村振兴战略关键所在，发挥着不可替代的作用。科学技术的发明与应用，离不开对人才的培育。这里的人才，不仅指的是实践型的以科学技术为导向的专业人才，也指的是理论型的以人文社科为导向的专业人才，二者缺一不可。目前，由于子长市部分乡镇与教育相关的公共服务基础设施尚未完善，其均等化、现代化程度普遍较低，导致本地优秀生源流出，加之由于发达地区工资高于本地，人们返乡就业、创业热情不高。目前子长市人才供应不足，其发展质量、效益难以得到提升。

（二）现代化程度不足

乡村振兴战略的实施需要一定地域的现代化发展作为物质基础。当前，子长市现代化水平低、起步晚，发展程度不深。乡村地区的农业机械尚未普及，一些偏远乡村人均收入普遍低下，相应的特色产业所形成的产业链效应覆盖范围、影响程度有限，加之乡村基础设施建设欠缺，为乡村振兴战略的实施带来不少困难。

（三）缺乏融资渠道

在银行贷款需要担保，而农户缺乏担保，且贷款利率过高加重了农户的负担，这一方面使得农户创业之路受阻，另一方面使得农户缺少资金来应对突发情况，生活得不到保障，承担不起亏损风险，进而对新事物接受程度不高，不愿意通过创新来改善生活。

（四）人文关注度不够

脱贫攻坚解决了贫困农民的温饱问题，而乡村振兴战略将进一步满足农民对美好生活的向往,巩固脱贫、防止返贫,同时也更加注重人民的精神文化层面的需求。子长市在实施乡村振兴战略过程中,通过举办文化活动、榜样示范等方式丰富农民生活、提高农民素质,但还存在着形式大于内容等问题,同时部分乡村存在盲目跟风和走过场问题。

(五)劳动力人口不足

青壮年劳动力极度短缺。是子长市乡村振兴战略不容忽视的困境之一,便是乡村人口结构失衡,村里现在多为老、弱、病、残,而青年群体大多都趋向于在更具活力和现代化气息的大都市发展,不愿留在农村发展。劳动力不足,无法为乡村提供可持续发展的动力。

(六)农民群众的思想认识不足

在调研中发现,农民群众对乡村振兴政策的了解不多、认识不足,可以考虑通过标语、横幅等形式宣传乡村振兴计划,积极营造良好的乡风民风,不断提高农民素质与思想认识,转变群众观念。

三、结论与建议

(一)培养新型人才,注重吸收高素质人才

实现乡村振兴战略,就必须充分发挥科技和人才的引领作用。进一步加大农业科技资金投入,鼓励高校应届毕业生、大学生村官和优秀城市人才下乡创业。加强农村专业人才队伍建设,教给农民技术,实现农民"土地+劳动"、企业"技术+苗"合作共赢局面,也给农民未来生活予以保障。培养农民创业能力,扶持培养一批农业职业经理人、经纪人、乡村工匠、文化能人,不断发展壮大有文化、懂技术、善经营、会管理的高素质农民队伍,促进农业转型升级、农村持续进步、农民全面发展。

(二)贯彻落实新发展理念

目前,中国形成了以国内大循环为主、国内与国际双循环的新发展格局,更加强调科技创新带动发展,消费需求拉动经济增长。新发展理念为乡村振兴战略

的实施提供了理论指导和发展方向,充分体现出乡村振兴战略涉及的三个主体,即农村、农业和农民之间的联系性。在子长市未来乡村振兴战略实施过程中,应以产业发展为依托,推动产业多元化发展,避免资源的闲置和浪费。在消费方面,逐步完善产业形态,发展乡村旅游、农家饭、家庭果园采摘等产业,进一步满足人们的物质和精神需要。

(三)充分发挥基层党组织堡垒作用

"火车跑得快全靠车头带。"要持续加强农村基层党组织建设,让其在乡村振兴工作中发挥战斗堡垒作用。村干部作为乡村发展带头人,必须具有与时俱进、居安思危的精神,能够为农民办实事。认真、及时学习并解读党的政策方针,用接地气的话语向农民传达,确立昼耕夜读学习模式,不耽误农民正常劳作,使政策应享尽享,不落一户一人,真正做到一切为了人民,为了人民的一切。

(四)生态与生活环境持续改善

"绿水青山就是金山银山。"在子长市的乡村,首先是要改善村民的生活环境。生活环境是人们在特定区域内基于生活实践所需要的各种生活条件的结合体,包括物质方面和精神方面的生活条件。村干部主要的措施一是申请林地,将养殖区与生活区分开,使村民生活环境更加优化,更加干净、卫生和环保。二是提高村民的受教育程度,使村民与乡村现代化相互促进,调动村民生产生活积极性,为乡村的现代化发展提供源源不断的动力。其次,生态是自然界各种生物之间相互联系且相互依存的结合体,未来子长市应逐步完善生态系统,丰富生物资源的多样性,优化空间资源的布局及提高其利用率,对自然资源的依赖遵循"科学可行、合理利用及开采保护并行"的重要原则,提升乡村整体的自然风貌。

作　者　西北大学经济管理学院本科生　高　玥　王雨仙　郑昕悦　王　薇　徐冯余悦
　　　　　　　　　　　　　　　　　　　任紫奕　丁晨悦　王涵玉　贾仕钰　费雨杰
　　　　　　　　　　　　　　　　　　　蒋卓桐　徐嘉悦　王冰月　马晨昊　何宇杰
　　　　　　　　　　　　　　　　　　　王玉荣　王馨悦　钟苗苗

指导教师　宋文月

15 关于新疆维吾尔自治区疏勒县乡村发展现状的调研报告

实施乡村振兴战略，是以习近平同志为核心的党中央从党和国家事业全局出发、着眼于实现"两个一百年"奋斗目标、顺应亿万农民对美好生活的向往做出的重大战略决策，是决胜全面建成小康社会、全面建设社会主义现代化国家的重大历史任务，是新时代做好"三农"工作的总抓手。

结合疏勒县实际，本次调研根据老师所设计的调查问卷和访谈问题，由队员们进行实地探访，发挥自己所学专业知识，贡献自己的力量，切实针对疏勒县的发展现状、经济发展的实际需要来开展活动，为农民、农村解决一些实际问题，使各项服务活动可行。

一、研究问题现状

（一）乡村振兴发展缺乏资源，进程缓慢

乡村振兴的发展是一项复杂而长久的系统工程，不仅涉及技术、资金、人才、信息等方方面面，而且长期以来受我国城乡二元结构的影响，城乡发展严重失衡。

调研数据表明，当地农村剩余劳动力一部分在村务农，另一部分在外务工或经商。有许多在外闯出天地的人从此留在了城市，基本不回村里，更谈不上对村镇经济社会发展做出贡献。此外，从实地调研情况来看，乡村振兴发展的专业条件不高，缺乏相应的战略眼光和各种资源。农村实用人才不足，因此使我国乡村产业发展受到了较大制约。也表明在实施乡村振兴战略过程中，农村居民的参与感不强、关注度不高。存在大量人才流失，更愿意留在村内完成振兴任务的多为年龄较大，学历不高的中年及以上村民。大部分青壮年更愿意出去打工，拥有知

识技能的高学历人才也选择在外地创业工作。这也是造成乡村振兴进程缓慢的重要原因。乡村需要发展，这不仅是新时代提出的要求，更是实现中华民族伟大复兴的重要一步。

（二）人居环境改善，仍需努力建设美丽乡村

从过去的飞沙走石、荒漠连片，垃圾乱堆、居所破烂狭小到现在的街道平坦、绿树成荫、院落整齐、住宅明亮宽敞。多年来，疏勒县深入开展美丽乡村建设，厕所革命，农村垃圾、污水处理等环境整治行动，人居环境发生了翻天覆地的变化，对于干净整洁的环境，村民们由衷感到高兴。一位村干部说，刚来到这里时，最深刻的印象是村里破败的土房、杂乱的院落。第一次到村民家开展活动时，对眼前所见感到震惊：土房摇摇欲坠，房前屋后堆满了陈年杂物，炕上挤满了一家老少……热情的村民为队员们让出了最好的一间房，几个队员挤在一张炕上，即使冰冷潮湿，但内心暖流涌上，心中五味杂陈，一夜无眠。

这些年来疏勒县以建设美丽乡村为目标，持续推进农村人居环境整治工作，加大基础设施建设，改善村容村貌，培养健康文明新风尚，集中党员干部、志愿者、驻村工作队、农民等多方力量，开展环境卫生整治活动。村落里随处可见"和谐乡村""民族团结"等宣传标语。走进美丽的阔纳巴扎村，队员们走在平坦的水泥地上，看着两侧生意盎然的花草树木，深呼吸感受田野乡村间的淳朴。装潢明亮的房屋整齐排列，走进屋内，民族特色风情扑面而来。在党和政府的大力支持下，这几年来农民的腰包鼓了，日子好过了，但是仍然存在部分农民的院子、房子仍然"脏乱差"，这与建设社会主义新农村的宏伟蓝图差距太大。一定要让老乡们走进新院子、住上好房子。农村人居环境整治，是实施乡村振兴战略的一场硬仗，所以整治一直在路上！

（三）政策宣讲需加强，努力提供居民稳定的保障

上学难、看病贵、就业难一直以来是三大民生难题。近年来政府为解决这三大难题采取了很多举措，也取得了积极成果。但由于农民在这方面普遍信息缺失，对相关政策的理解也不是很全面，造成了很多农民无法利用这些政策来维护自己的权益。希望能通过更多更好的渠道，让村民们了解政策宣讲的内容，合理利用权益创造财富和更好的生活，尽我们所能地帮到农民朋友们。主要宣讲的政策包

括农村医保政策、养老保险政策、计划生育补贴政策、惠农补贴政策、九年制义务教育免费政策等。目前农村医疗配套、教育服务、保险保障等方面仍存在问题，医疗费用的支出仍是影响农村居民生活水平的主要因素，农村公共配置需加大优化均衡力度。尽管政府已经通过扩大新型农村合作医疗参保范围、推进乡村医生签约服务等政策措施，不断优化医疗服务和公共卫生供给，但农村居民尤其是老年居民看病难、看病贵的问题仍然存在。

通过问卷调查的数据成果可以看出，农村居民大多数文化程度较低。乡村教育的普及和教育资源的提升，不仅对提高整体文化素养有重大作用，也对提升村民生活幸福感有重大的促进意义，因此要有效提升乡村医疗、教育服务保障水平，进一步完善社会保障体系，给农民吃下"定心丸"，让老年人安心养老，让中年人放心打拼，让青少年有公平的教育平台进行专业知识的学习。

二、问题讨论

（一）巩固拓展脱贫攻坚成果仍需新鲜血液的注入

"我国脱贫攻坚战取得了全面胜利，现行标准下 9899 万农村贫困人口全部脱贫，832 个贫困县全部摘帽，12.8 万个贫困村全部出列……"，全国脱贫攻坚总结表彰大会的召开向世界宣告了中华民族这一历史性成就。这是一个了不起的成绩，占世界 1/5 人口、全球最大的发展中国家，创造出人类减贫史上的奇迹：改革开放 40 多年来，7.5 亿人成功脱贫，对世界减贫贡献率超过 70%，提前 10 年实现联合国 2030 年可持续发展议程减贫目标。然而，这些并不意味着我国脱贫攻坚战的结束，城乡差距仍然明显、发展仍然不平衡不充分、易返贫致贫人群仍然存在……这一系列问题鞭策着我们不能停下脚步，这是一场需要一代代人前赴后继、一步步稳扎稳打持续拼搏的事业。

农村基层党员干部队伍年龄偏大，调查发现村支部书记的年龄结构为：30～40 岁占 5.6%，40～50 岁的占 17.4%，50～60 岁的 52.8%，60 岁以上的占 35.2%。基层党员干部整体呈现严重老龄化现象的同时，领导班子还存在后继乏人的问题，走出农村接受更高教育的学生，在养成高文化素质、发展专业特长后，很少有主动返乡再加入社会主义新农村建设队伍的，这导致乡村治理思想缺乏活力和创新，巩固拓展脱贫攻坚成果困难重重。优化人员层次结构，发动大批优秀的青年干部走向基层，将朝气蓬勃、青春激昂的新鲜血液输送四方，要在上级党组织支持下，完善用人激励机制，为农村基层班子增添活力。

（二）发挥群众动力的基础性作用

进一步提升乡村综合治理水平，让脱贫基础更加稳固、成效更可持续，首先需要做到乡村宜居宜业、百姓富裕富足。疏勒县各级党政以"我为群众办实事"为落脚点，把党史学习教育成果转化为为民办实事、解难事的实际行动，进一步增强党和人民的血肉联系，切实增强群众的获得感、幸福感、安全感。通过问卷调查可知，村民平时最关心的事多为基础设施建设和教育医疗养老等公共服务，在回答政府对农村支持的重点应该放在哪些方面时，他们的答案也多为关于水电路网、农田水利的建设和教育、医疗、文化事业等方面。按村民所需所愿解决实际问题，才能最大化发挥群众动力的基础性作用。

（三）建立防止返贫长效机制

建立防止返贫长效机制，最根本是后续扶持工作。强化产业支持、就业帮扶，确保稳得住、有就业、逐步能致富；加强扶志扶智，激励和引导脱贫群众靠自己努力过上更好的生活。比如农村发展若以农业为主，则可在推动当地特色农副产品品牌建设。提高优质农副产品品牌知名度的基础上，持续推动农业现代化，做特做优做强绿色食品产业，补齐物流短板，通过线上线下销售的结合开拓更大的市场，吸引更多的客户。

三、结论与建议

此次调研对象为疏勒县地区村中街道沿线住户以及驻村干部。调研的目的在于让村民了解政府相关政策，助力驻村干部因地制宜地开展扶贫工作，听民意、察民情、聚民智、解民忧，为实现乡村振兴上交一份合格的答卷，展现新时代大学生的青春力量。

小组成员在实践过程中进行了入户调研并做了问卷调查，得出了40份有效问卷。通过统计分析，所调研的3个村40户家庭中，农村居民人均收入均值为18811.7元，而疏勒镇全镇农村居民人均收入17194.76元，高于全镇平均水平，

实践调研报告篇

说明这三个村的脱贫攻坚工作绩效良好;所调研的 3 个村人均就业收入 11477.22 元,就业收入占居民人均收入 61.01%,而全镇居民人均就业收入 14991.31 元,就业收入在居民人均收入的占比为 87.18%,由这两项数据对比看出,这三个村的人均就业收入还未达到全镇平均水平,一方面说明这三个村传统农业收入相较于全镇平均水平来说,所占的比重较大,从另一方面也可以看出,部分村的就业脱贫工作仍存在进步空间。

通过对年龄及文化程度的分层来看,70%受访者为初中及以下文化程度,高中及中专占比为 15%,大专及本科以上占比为 15%。由此可见,一方面,农村居民有文化程度比较高的青壮年农村居民在受到乡村振兴带来的收入提高等福利后将目光更长远地投入到生态宜居美丽乡村建设上,将学习到的专业知识运用到实践,投入返乡创业,奉献自己的青春和智慧。这些返乡青年不仅让农村居民的眼界在不断开阔,精神文明在不断提升,更让村民生活富裕、农村地区产业兴旺。另一方面也表明在实施乡村振兴战略过程中,宣讲宣传力度不够,农村居民的参与感不强、关注度不高,依然存在大量人才流失。留在村内完成振兴任务的多为年龄较大、学历不高的中年及以上村民,说明大部分青壮年更愿意出去打工挣钱,拥有知识技能的高学历人才也选择在外地创业工作。这些问题也是造成乡村振兴进程缓慢的重要原因。

据调查问卷数据分析可知,对于农民就医需求存在不足,对于孩子是否在乡村内发展也存在异议,村民普遍上更愿意让其子女努力学习走出农村,走向外面的世界。所以目前农村医疗配套、教育服务、保险保障等方面仍需提高,医疗费用的支出仍是影响农村居民生活水平的主要因素,农村公共配置需加大优化均衡。尽管政府已经通过扩大新型农村合作医疗参保范围、推进乡村医生签约服务等政策措施,不断优化医疗服务和公共卫生供给,但农村居民尤其是老年居民看病难、看病贵的问题仍然存在。乡村教育的普及和教育资源的提升,对提高整体文化素养有重大作用,因此要有效提升乡村医疗和教育服务保障水平,进一步完善社会保障体系。

数据也显示比较了解乡村振兴战略和对此略有所闻的人为大多数,占比 89.7%,对乡村振兴战略非常熟悉的人占比仅有 4.2%;受访者的性别、年龄以及学历中,女性受访者偏多,占比达到 68%,年龄处于 30～40 岁年龄段的人偏多,学历基本都在初中水平,拥有这些特征的村民长期以来的状态是在自家务农或料理家务,

永远跟党走 青年乡村行

与外界沟通联系较少,知晓乡村振兴战略的主要途径是通过村两委班子对相关政策的宣传以及普及。大多数村民普遍受限于较低的文化水平和不高的吸收理解政策的能力,导致对乡村振兴战略非常熟悉的人占比偏低。在整合了受访者对乡村振兴战略认知情况的基础上,受访者对乡村振兴战略的基本态度如问卷所示,共40名受访者中,非常赞同、赞同、比较赞同、不太赞同、不赞同者分别占比15.6%、35.8%、38.5%、9.8%和0.3%。了解乡村振兴战略的村民对此战略持有的态度基本都是赞同,可见巩固脱贫攻坚和乡村振兴战略成果还需不懈努力。

作　　者　西北大学经济管理学院本科生　麦尔耶姆古丽·米尔扎　萨妮耶　周　睿　苏润瑾　董文嘉

指导教师　李　瑛

16 关于甘泉县农村产业发展的调研报告

为贯彻落实国家"为党育人,为国育才"和坚持教育与社会实践相结合的方针,我校组织青年学生形成调研团队,走进乡村基层,深入农村农户,通过实地调研和访谈等方式,了解国家在脱贫攻坚领域取得的新成效及当前乡村发展的新情况,感受国家近年来的伟大巨变;同时鼓励青年学生结合自身学科专业,分析探究乡村脱贫之诀,躬身力行,为推进乡村振兴战略贡献青春力量。"乡村振兴,美水之行"是本次调研工作的主题,我们共进行了为期 3 天的调研。在调研过程中,队员们走访 4 镇 6 村,深入农村基层,通过采访调研了解当地产业振兴与党政党建工作成果,学习以旅促农联动联创的发展模式。

一、甘泉县各村基本情况

(一)道镇南义沟村

南义沟村不仅是甘泉县的一个红旗村,也是综合发展的省级标准化示范村。村内的基础设施建设较为完善:一是村民们交通工具以机动车为主,完备的道路设施和桥梁设施为村民的生活提供了极大便利;二是村内的卫生室有着完备的医疗设施,可以满足村民的基本医疗需求。

(二)桥镇刘老庄村

刘老庄村位于桥镇乡西北部,距离乡政府驻地 3 千米,常住人口 357 人,刘老庄村历史悠久,是洛河川成立的第一个党小组。通过走访桥镇刘老庄村 5 户家庭进行调研,受采访者年龄在 45 岁至 57 岁之间,且大部分为小学学历。家庭平均人口 3 人,长期务农人数平均 2 人,外出务工人人数平均 1 人。据了解,其中有 2 户为脱贫户，且其中 1 户于 2015 年完成脱贫。5 户家庭中家庭总收入平均 122700 元/年，人均纯收入平均 37500 元/年。农业生产收入方面，2 户以种植业收入为主，1 户以畜牧业收入为主。此外，工资性收入加总平均 58200 元/年。

（三）桥镇闫家湾村

闫家湾村是个典型的农业村，通过走访闫家湾村 5 户家庭进行调研，受采访者年龄在 48 岁至 57 岁之间，且大部分为小学学历。家庭平均人口 3 人，长期务农人数平均 2 人，外出务工人人数平均 1 人。据了解，其中有 2 户为脱贫户，且其中 1 户于 2015 年完成脱贫。5 户家庭中家庭总收入平均 121600 元/年，人均纯收入平均 36960 元/年。农业生产收入方面，2 户以种植业收入为主，1 户以畜牧业收入为主。此外，工资性收入加总平均 57400 元/年。5 户家庭中，4 户表示当前生活状况较好，1 户表示一般。为了适应环保及禁养区相关政策的新要求，闫家湾村建设了连栋大弓棚 30 座，由 12 名贫困户和非贫困户种植，通过种植时令水果，拓宽村民的收入渠道。同时由于机器投入生产，农业产量有了大幅提升，村民收入有了显著提高。

（四）下寺湾镇张家沟村

张家沟，一个以具有丹霞地貌的甘泉大峡谷为依托的小村，坐落在甘泉县的西北部。该村结合当地独特的地理优势进行旅游开发，目前该村发展以旅游服务业为主，同时辅之以农业、畜牧业，乡村振兴战略在该村得到了充分体现。

通过近些年的发展，该村居民整体收入与生活水平得到了很大程度的提高。该村的贫困户在村集体的帮助和政府政策的支持下，以产业扶贫贷款的方式申请了低息贷款，办起了具有陕北特色的民宿和农家乐。

在张家沟村目前以低息贷款方式筹办具有陕北特色的民宿和农家乐的贫困户已基本实现脱贫，同时该村已通过龙头企业托管、党员带动等方式，发展湖羊养殖 10 户、生猪养殖 18 户、朝天椒种植 54 亩，并开办农家乐 22 家。

（五）下寺湾镇闫家沟村

离大峡谷较远的闫家沟村，抓住了甘泉大峡谷快速发展的机遇，盘活资源禀赋优势，发展第三产业，逐步形成了自己的产业优势。

闫家沟村基础设施完善,环境优美舒适,截止到队员调研当日,闫家沟村已经开张的民宿和农家乐达 20 余家,据调查,2021 年有七八家民宿或农家乐年收入都在 7 万元左右。该地现存民宿和农家乐具有一定规模,且在整体规划下布局合理,井井有条。无论是内部装修还是外部环境,当地民宿和农家乐都做得十分出色。

(六)石门镇石门村

甘泉有"美水泉"因而素来被称为"美水之乡",甘泉豆腐更是远近闻名,石门村则因制作甘泉豆腐而得名"豆腐小镇"。不仅如此,石门村还有很多优势:一是风景优美,自然资源丰富,发展旅游业,形成特色旅游产业链。二是水资源优质,甘泉美水闻名遐迩,作物生长良好,具有传统特色产业——甘泉豆腐。

二、甘泉县各村产业发展问题

(一)道镇南义沟村

队员共走访南义沟村 11 户家庭,通过采访发现:

一是中、青年的学历普遍较低。受采访者年龄 32 岁至 62 岁,大部分为小学学历。

二是贫困家庭较多。11 户家庭中有 3 户为脱贫户,其中一户于 2017 年完成脱贫。经询问,我们了解到,11 户家庭中家庭总收入年平均 115485.5 元,人均纯收入年平均 25152.8 元,其中有 10 户农业生产总收入来源主要为种植业,1 户为畜牧业,支出中种子农药化肥费用与饲料费占比较大。此外,工资性收入加总平均每户 58375 元/年,部分家庭外出务工收入年平均 35666.7 元。

(二)桥镇闫家湾村

一是闫家湾是个典型的农业村,农民收入渠道单一、收入低;二是农民文化水平程度不高,在采访的 5 户人家中,大部分为小学学历。

(三)下寺湾镇闫家沟村

由于最近几年疫情原因的影响和峡谷景区门票涨价,游客数量大大减少,农家乐的生意惨淡，村民殷切希望政府能够继续加大产业扶持力度，进一步完善水电路网、农田水利基础设施建设，进行人才支援，促进产业振兴。同时进一步挖掘旅游资源，科学规划旅游服务产业链，以解决村落旅游资源单一、收入来源不稳定的问题。

三、甘泉县各村产业发展的经验和建议

（一）道镇南义沟村

一是在产业方面。结合地形地貌，南义沟村走出了"川道菜、山地果"的发展路子，形成百亩大棚蔬菜、千亩山地苹果、千只绒山羊农业的产业发展格局。

二是工业方面。南义沟村充分利用20亩山沟低产地，采取以土地入股的形式，兴办现代化机砖厂一个，总投资3000万元，年产量7000万元，年经营收入50万元，村集体每年增收3万元，同时吸纳了部分劳动力在砖厂打工，既拓宽了群众收入渠道，又壮大了村集体经济。

三是加强村党支部建设，更好地为人民服务。农村富不富，关键看支部；支部强不强，要看"领头雁"。在南义沟村支部书记的带领下，该村党支部把党员的思想教育、学习培训、观念转变放在重要位置，将每月5日、20日定为全体党员固定学习日，组织全村党员集中学习，凝聚思想共识。同时加大基础设施建设力度，积极争取资金20余万元，对村级活动阵地进行了全面维修，建立了值班室、"第一书记"办公室和便民服务室，公开办事流程及公开承诺办理时限，切实提高办事效率、彻底解决群众办事难的问题，提高了党支部的凝聚力和号召力。

四是加强基础设施建设。在村党支部的带领下，先后争取4190余万元修建"连心大桥""同心大道"、广场、村活动中心等基础设施，实施了居民院落改造、绿化、路灯、石碑楼等村容村貌改造项目。同时，坚持"一村一品"目标，围绕"川道菜、山地果"的发展思路，主导产业覆盖率达到60%，使得蔬菜和苹果的售卖成为农民增收的主要来源。

五是村党支部结合村情实际，立足自身优势资源，做好自身文章，向脱贫攻坚精准发力。在村党支部的引领下，完成了移民搬迁小区建设，建成百亩大棚蔬菜、千亩山地苹果、千只绒山羊等扶贫产业园区，占地500亩的乡村旅游扶贫产业园区正在建设之中。全村60名党员结对帮扶86户贫困户，产业大户、个体老

板均与贫困户建立了帮扶关系,通过精准扶贫、项目扶持、资金扶持等外部集中帮扶措施和内部强户带弱户、富户帮穷户等帮带作用,实现农户取长补短、互促共进的作用。

(二)桥镇刘老庄村

一是党小组成员等基层干部将当地特色与扶贫政策相结合,为村子的发展创建了七大工程。第一大工程是环境整治,六抓六戒:抓绿化、抓量化、抓整治、抓机制、抓建设、抓产业。第二大工程是新思想入户,制定集"十星级文明户、家风家训、核心价值观、平语近人"为一体的门牌悬挂在每家每户大门上,将新思想植根于村民心中,让新思想飞入寻常百姓家。分为有产业之家、文明之家、党员之家、卫生之家等类。以"听党话,感党恩,跟党走"为主旋律,深入贯彻落实习近平新时代中国特色社会主义思想。将党的建设放在首位,坚持"听党说,向群众讲、带群众干、让群众乐"的党建工作思路,铸就好一个领导班子,实施支部"五推行"、干部"五带头"、党员"五争当"、群众"十不准"四大行动,育出一支新队伍。第三大工程是产业增效,产业兴旺是乡村振兴的前提和基础,村民思想觉悟高,组织有依,接下来就要发展产业,只有农民富起来才能再谈其他,追求更高的精神层面需求。第四大工程是乡村振兴,生态宜居是关键。全村推进生活垃圾治理、村庄绿化亮化、村容村貌完善提升三方面入手,在建设生态宜居、美丽乡村上寻求突破。第五大工程是乡风文明的培育,有学思堂建设、开展文体活动和科学技术培训、开展净美夺旗、道德模范、最美邻里等活动,为村民树立好榜样;开展"八家"评比活动,将村民之家按照"党员之家""书香之家""诚信之家"等来评比。第六大工程是按照创建平安乡村的要求,全面开展平安创建新时代"十个没有"和"樊九平式"调解室作为重要创建内容。第七大工程是设计以党史、乡村振兴为主题的涂鸦、壁画;修建运动设施、凉亭、桌椅板凳等供村民娱乐休息;为相对贫困户设立公益岗位。

二是桥镇乡党委结合实际,创新工作机制。在桥镇村成立了"九平调解室",主要职责是开展法治宣传教育、化解矛盾纠纷。该调解室成立以来,结合村情民意,面对新情况、新问题,主动适应社会主要矛盾的变化,抓小事、解难事、促和谐,积极作为办实事,真正做到了"小事不出村,大事不出乡,矛盾不上交"。

三是率先提出了联动联创的综合性发展方式。该地的特色扶贫主要体现在环境整治方面，为此当地展开了诸多措施，如前所述的六抓六戒，其具体内容如下：第一，抓绿化，第二，抓量化，第三，抓整治，第四，抓机制，第五，抓建设，第六，抓产业。

四是积极招商引资，退耕还林。林地承包给陕果集团，种植山地苹果，还有690亩地承包给延能集团进行光伏发电。既解放了村民，使其有时间出去打零工增加收入，又提供了大量就业岗位，使乡村能够留得住人。

五是政府扶持农业机械化发展。落实农机购置补贴政策，村民购置收割机、翻地机等政府补贴1/4左右。

（三）桥镇闫家湾村

村党支部经过多方调研，制定了养猪、养驴、种大棚、养牛、种香菇等长、中、短结合的产业发展规划。确保群众能够早致富、长致富。在村支部和科协等单位的共同努力下，该地及时把村里的学思堂成立起来，请专家来讲课，带动大家共同学习养殖新技术。贫困户王光玉和左玉来就率先办起了养猪场和香菇、金耳种植厂，率先成为全村脱贫的贫困户。

（四）下寺湾镇张家沟村

一是结合实际，进行旅游开发。该地结合旅游开发，建立利益联结共享机制，与旅游公司合作入股，努力发展壮大农村集体经济，并且该地充分发挥包村单位帮扶作用，支持鼓励群众发展产业，每年保本分红最高可达4.12万元。

二是积极开展人居环境整治工作。结合甘泉大峡谷景区建设，该村通过项目争取，累积共栽种各类树木3000余棵、花草3万余株，为当地居民打造了良好的人居环境，同时也为游客们营造了优美的旅游风景，提供了更为舒适的旅游环境。

三是积极进行扶贫工作，提高村民的整体收入和生活水平。在该村中，贫困户在村集体的帮助和政府政策的支持下，以产业扶贫贷款的方式办理低息贷款，办起了具有陕北特色的民宿和农家乐。该村对贫困户采取资金入股旅游公司等方式，将所有的贫困户群众嵌入了产业链条内，切实做到了一个也不落下，其中，协调落实各类公益岗位17人，享受低保贫困户28户，五保户2户。在具体落实实践过程中，该村所采取的各项措施取得了显著成效，因此该村也被确定为全市扶贫示范基地。

（五）下寺湾镇闫家沟村

一是充分利用空闲资源。当地许多煤炭场、商业门店和群众废旧窑洞等都被改建为游客停车场、餐饮酒店等，使原有空闲资源得到了充分利用，不仅实现了资源效益最大化，而且增加了当地居民收入，其平均年收入可达 30 多万元。

二是统筹协调整体与部分的关系。在整个镇域经济的整体规划下，当地所处区域中的自然景区如甘泉大峡谷等、红色景区如下寺湾毛泽东旧居、闫家沟列宁小学旧址等，各景区均在镇域经济规划中，计划将下寺湾镇打造成一个全域旅游带，提高游客的旅游黏性，从而推动闫家沟村经济进一步发展。

三是未来规划。甘泉大峡谷游客集散中心将在闫家沟村规划修建，目前村集体将以村民征地加入股的方式牵头建立综合住宿大楼，从而适应游客的一体化服务需求，解决附近农民就业问题，通过旅游扶贫和产业振兴双向驱动的方式，带动该村经济良性发展，获得持久的效益。

（六）石门镇石门村

一是豆腐小镇以山、水、田为生态依托，融合古城文化、民俗文化的特点，开发特产种植，营造了集观光、休闲、体验、度假等于一体的乡村旅游模式。这种模式的开发让游客能够在豆腐小镇品尝甘泉豆腐、体验传统豆腐制作、近距离接触豆腐文化。

二是开办特色民宿酒店。村民们充分利用已有资源，将原有的粮仓改造为餐厅，将老窑洞修缮翻新，打造成为具有现代化气息的窑洞供游客住宿。

三是依托甘泉豆腐的美名，并借助当地得天独厚的自然条件，打造特色产品。

作　　者　西北大学经济管理学院本科生　康妮儿　李　洋　王宜霜　魏鑫淼　刘岚希
　　　　　　杨　攀　冯丽娜　容　钰

指导教师　李宗欣

永远跟党走 青年乡村行

17 关于厦门市田洋村乡村振兴发展实践的调研报告

2021年我们迎来了中国共产党的百年华诞,在全体中华儿女的戮力同心下,中国夺取了脱贫攻坚战的全面胜利,这是"十四五"的开局之年,亦是实现"两个一百年"奋斗目标的重要历史交汇期。为响应国家号召,深入贯彻习近平新时代中国特色社会主义思想,深入贯彻党的十九大和十九届二中、三中、四中、五中全会精神,加快推进"十四五"规划,在社会实践中增强"四个意识"、坚定"四个自信"、做到"两个维护",努力成长为有理想、有本领、有才干,堪当民族复兴重任的时代新人,以自身实际行动推进乡村振兴战略实施,推动乡村产业发展,丰富乡村经济业态,乘势而上,助力开启全面建设社会主义现代化强国的新征程。我们招募不同专业学生组成调研小分队,赴厦门田洋村开展暑期调研工作,深入了解农村发展现实、农业发展现状以及农民生活情况,聚焦农业现代化,挖掘当地乡村产业发展潜力及优势,为美丽宜居乡村建设贡献青年智慧。

一、厦门田洋乡村振兴情况

田洋村位于厦门市同安区大同街道,毗邻汀溪水库,依山傍水,风景秀美,是远近闻名的同安最甜甘蔗村,村内种植甘蔗已有数百年的历史。此外,作为厦门历史文化沉淀最为丰厚的乡村之一,田洋村也被誉为"古同安科举文化第一村",明清两代出了进士2名、举人26名、贡生51名,村内举人厝、进士第等古厝资源丰富,保存完整,深厚的文化底蕴使这里的每一寸土地都充满了诗意。近年来,田洋村将乡村作为城乡融合的稀缺资源,积极响应国家乡村振兴战略,以产业激发活力,以人才带动发展,以艺术活化乡村。村委会成员带领村民积极学习全国各地的乡村振兴成功经验,探索出了一条科学且适合自身的乡村振兴之路,并发展成为乡村振兴战略落实的典型代表村落。

二、调研厦门田洋乡村振兴的意义

（一）示范作用

田洋村位居城市近郊，把乡村作为城乡融合的稀缺资源，积极探索乡村振兴之路，引才聚力，激发乡村发展活力，对于乡村振兴战略具体落实现状的研究有典型性及示范作用。

通过实地走访观察调研，可以了解农业农村现代化建设的现状和未来，体会乡村振兴的战略意义，并能够进一步学习田洋村乡村振兴道路的发展经验及探索成果，对未来的乡村发展方向具有重要指导意义。

（二）拓展视野

乡村实践活动能够开拓同学们的视野，并使之对中国特色社会主义的伟大性和先进性产生深刻认知。此外，在实践的过程中，各队员分工合作、齐心协力，发挥自身所学及优势特长，做到学以致用，进而提高个人的交际能力、观察能力和团队协作能力等综合素质，促进自身的全面发展，实现自身价值。

（三）现代格局

在调研的基础上尝试探索能够推广适用的乡村振兴路径，撰写相关研究报告，助力落后乡村加速发展，推进乡村产业、生态、文化、治理、生活等方面全面现代化格局的形成。

三、厦门田洋乡村振兴策略

（一）引才聚力产业振乡村，艺术入驻文化促发展

为了提高在校学生的实践能力，引导青年学子切实了解认知乡村发展现状，积极投身乡村振兴战略的实施，西北大学经济管理学院厦门田洋调研队于2021年7月17日赴厦门市同安区田洋村开展全国大学生暑期"三下乡"社会实践活动。

7月17日上午，实践团队正式开启了对田洋村的考察调研工作。在田洋村乡

永远跟党走　青年乡村行

村运营负责人的带领下,成员们首先参观了田洋村党群服务工作中心,中心入口处墙壁上印制着习近平总书记关于人才振兴的深刻论断,充分揭示了人才对于乡村发展振兴的重大意义。乡村发展,人才为先,为了激发人才活力,吸引大量高素质人才投入乡村振兴事业,田洋村展开了一系列积极探索与实践,开展环境治理等专项活动,提升乡村内部建设,改善村居环境,吸收外部资源,创新乡村人才工作机制体制,筑巢引凤,致力于吸引更多城市人才参与乡村创新创业。

在党群活动中心,团队成员一同观看了田洋村建设沙盘,负责人向同学们细致地讲解了田洋村的发展现状及未来规划,使大家对田洋村有了初步的了解和认知。在参观过程中,墙上随处可见彩色的人员架构图及村庄基本信息列示,包括田洋村"村企共建"、"村校合作"乡村振兴运行关系框架,自上而下的乡村振兴党群工作机制,党建引领下的青年创业企业列示,村委党委组织架构等,进一步清晰明了地展示了田洋村的乡村振兴成果及发展思路。

为活化乡村,利用古厝特色带动村庄产业发展,增加乡村集体经济收入。田洋村通过招商引入艺术家驻村,并对接厦门信息集团,得到其大力支持,与信息集团共建,聘请专业老匠人,依旧修旧,对上坊里46号古厝进行全方位修缮,修缮完成后将提供给艺术家们使用,为艺术家们营造更有韵味的工作室,拉动村庄人气与经济发展。

在产业兴旺的根基上,田洋村不断提升村内艺术与文化氛围,着力打造人文乡村。村中现有青年公寓、艺术中心、艺术家工作室、陶艺及手工创意空间等,且邀请清华美院、福州大学厦门工艺美术学院的师生入驻,打造手工、艺术社区。组建多元化的乡村振兴核心团队,壮大村内乡村建设骨干力量,展开乡村环境基础改造和提升,以此推进产业发展。

通过对党群活动中心的参观,团队成员对于田洋村作为省级乡村振兴示范村的发展思路都有了更加深刻的体会和认知。村企共建修古厝,村校合作振乡村,一方面因地制宜大力发展甘蔗等本土特色产业,引进现代化技术和创新性人才为乡村建设注入新鲜血液,一方面推动艺术入驻与古厝修复,保护发展乡村特色文化风貌,打造良好村居环境,积淀人文底蕴,不断加强党群建设,积极学习借鉴其他地区的先进发展经验。围绕产业振兴、人才振兴、文化振兴、生态振兴和组织振兴,田洋村扎实推进乡村振兴战略的实施并取得一系列显著成效。

实施乡村振兴战略，如何找准自身定位并协调好现代化产业发展与传统文化保护之间的关系十分重要，田洋村的先进发展实例提供了一定的借鉴意义。与此同时，大道至简，实干为先，推动乡村建设，需要每一个人的共同努力。

（二）引才聚力产业振乡村，全面发展促幸福

18日上午，调研小队抵达田洋村村民服务点，受到了村干部的热情招待，并向该村乡村振兴智囊团成员了解相关情况。走近服务点，这里颇具文艺色彩：休息室墙壁摆满了泥塑、书画、陶瓷，隔壁就是一间正在上课的绘画教室。村干部介绍说像这样的面向群众特色艺术教室还有很多，涵盖书法、绘画、武术、陶艺；在与村民息息相关的生活技能上，他们也开展了丰富多彩的烹饪、化妆、办公软件、保育员、营养师等培训课程。

接着小队一同离开服务点，抵达田洋村里的古厝中。探访的古厝大都前埕后厝、坐北朝南、红砖白石墙体、房脊宛若翘燕尾。当小队前往陈睿思故居等历史文化遗迹时，发现其周边的环境以及建筑也得到了很好地保护与修缮。尤其是陈睿思先生曾亲自建立的瞻园更是在田洋村村委的带领下一改往年荒废景象，颇具休闲文化风采。

在文化方面，最令田洋人骄傲的不仅仅是拥有丰厚的科举文化历史底蕴，更是现阶段田洋村及村民为文化传承、文化发展所做出的努力。除了刚刚位于服务点内的培训教室，一行人又前往田洋村又一文化教育基地——武术馆参观体验。武术馆设施齐全、布局合理、老师教学经验丰富、教学课程合理有趣，在服务上也是承诺一小时车程免费接送。

武馆内的通道有田洋村村民参与各项活动的剪影照片，这些照片宛若电影般表达了田洋村的村民的生活状态，他们比赛时释放激情、在活动中展现热情、在文艺会展时传递村民之间真切的感情。

（三）引才聚力产业振乡村，艺术工坊活化乡村特色

2021年7月19日上午，调研小队对田洋村的艺术工坊进行了参观。一行人先参观了接待研学团的陶艺制作工坊。走进工坊便看到几个铁架子，上面摆满了待放进炉内烧制的半成品。

随后，队员们走进上坊里46号的艺术工坊，这里是田洋村引进的艺术家们的

永远跟党走 青年乡村行

个人工作室。为了"活化乡村",田洋村开启了艺术家驻村计划。田洋村对接厦门信息集团,对上坊里46号古厝全方位修缮,作为驻村艺术家的艺术工作室。

上坊里46号古厝内的装修布局别有一番风味,处处都是工坊主人们别出心裁的设计,从挂在墙上的字画到摆放在门厅的盆栽,无一不凸显着工坊主人们不俗的审美眼光。队员们首先参观了一位雕塑艺术家的工作室,工作室里摆满了他雕好的作品,一众雕塑中一群骷髅状的动物雕塑吸引了调研队的注意。据介绍,这是一批做给外贸玩具公司的墨西哥鬼节主题的原创设计,工坊主人平时会与玩具公司合作,为他们提供产品的原创设计,玩具公司再批量生产,销售到国外。

随后队员们走进了另一个制作银饰的艺术工坊,和前一个工坊一样,这个制作工坊不大,却装满了艺术家们的艺术结晶,与前一个工坊不同的是,这个工坊的主人并不把制作原创银饰作为主业。合作社负责人告诉我们,工坊主人还开有公司,只有在空闲时间才会在工坊里创作。

通过对艺术工坊的参观,团队成员深刻认识到,艺术家们的到来为村庄增添了"文艺范",通过艺术来活化乡村,外联内动,让村落文化更具特色,并在潜移默化中改变田洋的乡村生活。田洋村以田洋村委为基础支撑,通过引进艺术工作室、吸引各项目合作社与商家加盟,村企合作修缮老旧古厝,最终提高村民的居住环境,打造田洋村独特的艺术氛围。如此串点成片,连接内外,真正走到厝边头尾服务于群众,扎实推动乡村振兴建设,让乡村更有韵味。田洋村扎实落实文化振兴并取得一系列显著成效,其宝贵经验具有一定的借鉴意义。

(四)引才聚力产业振乡村,甘蔗经济促发展

20日下午,村负责人带领调研团队前往田洋甘蔗林考察学习。田洋村不仅出文人,也盛产甘蔗。此时的田洋村郁郁葱葱,满眼的绿意盎然。奔流的汀溪水穿过田野,清澈见底。来到甘蔗地,可以看到甘蔗长得又高又壮,酷似利剑的青葱蔗叶在风中挥舞,紫红色的茎节亭亭玉立。甘蔗地旁边便是田洋村毗邻汀溪水库,水质清澈甘甜,田洋人坚持用豆饼肥或豆渣给甘蔗施肥,让这里成为一块难得的膏腴之地。此地的甘蔗"玉露含青紫,沁彻哲人心",茎粗皮薄、汁多渣少,厦门周边不少人都慕名前来购买。

在与村民的沟通中,小队发现田洋人民对于甘蔗怀有深厚感情,他们的物质生活与精神世界都深受甘蔗的影响。为了更好地保留独特的甘蔗文化,田洋村不

仅每年都举办甘蔗文化节,丰富村民的精神世界,提高村民之间的凝聚力,助力乡村振兴,还打造了村歌《甘蔗歌》和村形象大使"甘蔗哥",颇有趣味。

在田洋村的村委所在地,实践队见到了传说中的"甘蔗哥"——头戴乌纱帽、身穿红褙子,这是田洋深厚的科举文化所带给田洋的第一印象。一手书卷、一手甘蔗则是现在田洋乡村振兴发展的两大力量。

田洋村近年来在上级党工委、政府的关心支持下,在高校科研部门的共同努力下,依托"美丽厦门、共同缔造"和乡村振兴项目,充分发挥当地农业特色,积极探索乡村发展道路,村内各大发展规划都逐步完成,村民不仅物质生活有了极大改善,在生态文明建设、文化体育服务上也有了较大发展。田洋人民知道,作为一名勤劳的"甘蔗哥",只要充分发挥田洋村的独特的资源优势,将一、二、三产业有机结合,大家的日子一定会越过越美好。

作　　者　西北大学经济管理学院本科生　张益慧　林伟杰　邵　钦　尚芳好　邱佳佳
　　　　　　　　　　　　　　　　　　　张雅茜　夏婉姝　普志雄　林天宇　刘　薇
指导教师　刘希章

永远跟党走 青年乡村行

18 关于福建省霞浦县乡村振兴成果的调研报告

本次社会实践活动系西北大学2021年暑假文化科技卫生"三下乡"社会实践下属"巩固脱贫成果 助力乡村振兴"专项计划项目。本次我们团队前往的调研地是福建省霞浦县,通过乡村基础设施建设、农业绿色发展与农村生态环境、科技创新、数字农业、气候变化与极端事件对农业的影响、财政金融政策这六个维度来测度乡村振兴的成果,了解本村现实发展的典型事实,为更好实施乡村振兴战略和各项农业改革措施提供数据支撑。

乡村振兴是国家发展的一条必经之路。中国过去是一个典型的农业国,乡土文化已深深融入中华文化中,乡村是无数中华儿女心中的羁绊。自改革开放以来,我们取得社会经济、科技、文化等方面进步的同时,社会结构也经历了改变。大量农村人口流入城市,农村劳动力缺失,农业、农村、农民问题亟待解决,城乡一体化问题突显……乡村不发展,中国就不可能真正发展;乡村社会不实现小康,中国社会就不可能全面实现小康;乡土文化得不到重构与弘扬,中华优秀传统文化就不可能得到真正的弘扬。

目前,我国已经全面打赢了脱贫攻坚战,"三农"工作转入全面推进乡村振兴、加快农业农村现代化的新阶段。祖国发展与每个人息息相关,本次社会实践活动围绕着乡村振兴展开。霞浦县曾经是福建省省级扶贫开发工作重点县,后通过找准致贫原因,因地制宜,找到了"山海同发展,渔旅相结合"的道路,有效利用霞浦县丰富资源并注重可持续发展,进行海上养殖综合整治,使渔业和海洋生态协调发展,同时打好茶叶品牌,以茶富民。最终,霞浦成为福建省率先实现脱贫摘帽的脱贫县之一,成为国家县城新型城镇化建设示范县。霞浦县的脱贫富农、乡村振兴之路,具有学习和研究的价值,是我国现阶段探索乡村振兴有效方案的重要样本。调研团队针对霞浦县不同类型的脱贫典型村进行调研,进村入户,了解新时代乡村发展的典型事实、乡村民生民情,在实践中提高个人素质,深入了解农村现实情况,助力乡村振兴,将个人成长发展与祖国繁荣紧密相连。

在福建省 23 个省级扶贫开发工作重点县中,霞浦县是首批 5 个率先实现脱贫摘帽的县之一。引导贫困户发展农业养殖、种植产业项目,将脱贫攻坚同乡村振兴战略相结合,在巩固提升 58 个扶贫工作重点村发展村级集体经济基础上,进一步加大扶持力度,着力建立"一村一品"的产业发展格局,因地制宜,弘扬和保护悠久文化和自然景观,持续改善村居人居环境,推动贫困村向富裕村、生态村、美丽村、文明村转变。霞浦县在脱贫攻坚方面的成绩,是全国农村脱贫攻坚战的缩影,对解决相对贫困问题有重大的借鉴意义。

一、霞浦县乡村振兴情况

福建省宁德市霞浦县,地处福建省东北部,位于祖国的东南沿海,呈半岛型区域,全县陆地面积 1489.6 平方千米,海域面积 29592.6 平方千米。海岸线长 505 千米,占全省海岸线长的 1/8,居全省首位。有大小岛屿 400 多个。绵长的海岸线和众多的岛屿、港湾成了霞浦的地理特色。霞浦地处中国海岸中部、福州与温州中点,上海经济区与珠江经济区之间,与台湾省一水之隔,是福建省最早开放的对台贸易口岸,素有"闽浙要冲"之称。

霞浦县辖 12 个乡镇(含 3 个畲族乡)、2 个街道、292 建制村和 23 个社区居委会。2010 年第六次人口普查结果显示,霞浦人口为 531468 人。霞浦县聚居多个少数民族聚落,有汉、畲、回、藏、苗、壮、瑶 7 个民族生活在这里,畲族人口 4.4 万,占人口总数的 8.4%,是福建省畲族人口数量第二的县。

2021 年上半年,霞浦县实现生产总值 152.75 亿元,增长 16.6%,增速较一季度回落 3.9 个百分点,较全市平均水平高 0.4 个百分点。其中第一产业增加值 40.51 亿元,增长 3.0%;第二产业增加值 32.63 亿元,增长 18.3%;第三产业增加值 79.61 亿元,增长 23.4%。产业结构比为 26.5∶21.4∶52.1。霞浦县海洋资源丰富。海域占全省海域面积的 21.76%,海洋渔场 28897 平方千米,浅海、滩涂 696 平方千米,分别占全省的 30.17% 和 23.76%,捕捞、养殖、航运等海洋经济在闽东地区首屈一指。

霞浦县是闽东最具潜力的沿海大县,海岸线绵延曲折,大港口水深面阔,在

永远跟党走　青年乡村行

闽东环三都大开发中，霞浦县具有其他沿岸无法替代、一方独有的核心地位与地理优势。海域面积29592.6平方千米，浅海滩涂面积693.3平方千米，大小岛屿194个，海岸线长480千米，其中深水岸线60.6千米，可建造1万~50万吨码头泊位183个。

这里海水养殖和捕捞量名列闽东各县市之首，副热带海洋物种齐全，当地人常有"八闽海鲜出霞浦"之说。全县海洋捕捞年产量15.9万吨，海水养殖年产量24.3万吨。矿产资源丰富，拥有地区稀有非金属矿产。

自2008年霞浦县开启招商引资工作成效明显，全年签约项目19个，投资总额24.58亿元，对外经贸进一步拓展，有4家企业获得自营出口经营权，全年外贸自营出口1420万美元，增长28.74%；贸易进口390万美元，增长319.35%。对台小额贸易交易额609.81万美元；对台渔工劳务输出508名，人数居全省各口岸首位；引进台湾水产品9525.5吨，水产品交易的品种、范围、规模不断扩大。

农业作为霞浦县国民经济的主体，种植业开发较早，渔业优势得天独厚。1980年，全县农业总产值达1.03亿元，茶叶产量在闽东地区升至第三位。改革开放后，为霞浦县落实农业生产责任制，科技兴农、科技兴海，大念"山海经"，农业生产持续稳定发展，结构渐趋协调。渔业产值、海洋捕捞、海水养殖均居全省前列，对虾养殖名列闽东各县之首，海带、紫菜、榨菜"三菜"生产形成规模，海带产量全省第一。

2018年，县里制定了一系列政策和配套措施，建立一整套工作到村、责任到人、帮扶到户的工作机制，安排1000万元扶贫资金，支持全县14个乡镇街道根据自身资源特色发展。政策、资金、人员到位后，以沙蚕、土笋、蜜蜂、畜类养殖产业为特色的扶贫项目如雨后春笋般冒出。在霞浦人民共同的努力下，霞浦县共有4000多户在2018年年底实现全部脱贫。

霞浦县持续响应乡村振兴政策，2021年，霞浦县脱贫攻坚项目计划共有10大项362个小项，所需资金为13042.26万元。经过实际调研、实地参观、切实采访、文献查阅、问卷调查、数据分析等一系列工作，我们发现霞浦县乡村振兴的着力点主要在两方面：农业生产和生态旅游。

在农业生产方面，霞浦县大力发展海带、海参、紫菜、黄鱼养殖，以及茶树、荔枝、葡萄等作物的种植，取得了显著成效。以海带苗为例，霞浦县革新海带苗种植技术，依托当地得天独厚的自然环境优势和丰富的海产养殖经验，生产出口感幼嫩、口味清甜的海带品种，深受消费者喜爱。2020年海带苗产量（盐渍）5000吨，产值约1亿元；2021年海带苗产量（盐渍）2.5万吨，产值约3亿元。调研团队通过走访石湖村、外浒村、下浒镇，参观当地海带养殖、晾晒、加工环节，了解到海带养殖产业对优化当地生产劳作制度、解决相对贫困问题有积极影响。据了解，霞浦县目前拥有上百家海带加工企业，形成了育苗、养殖、加工、销售的完善产业链。2020年，霞浦海带养殖面积30多万亩，年产鲜海带150多万吨，产值近20亿元，相关从业人员高达10万人，带动沿海群众增收致富。

在生态旅游方面，我们先后参观了霞坪村崇儒畲乡和长沙村这两个典型代表。崇儒畲乡是一个以少数民族民俗风情为特色、在生态旅游建设方面取得卓效的先进乡村。由当地政府带头，成功举办崇儒畲族乡茶旅文化宣传月、荷花文化节，开展以"荷你藕遇"为主题、涵盖茶文化雅集、文创集市、摄影展、文艺晚会、主题朗诵等一系列特色活动，因地制宜，把地区特色转化为发展优势以新业态、新产品、新技术、新商业模式、新IP推动农业与文旅产业融合发展。近年来，得益于逐年增长的客流量，当地民宿产业也不断规范化发展，成立全省首家县级民宿行业协会，提高民宿行业的服务质量和规范化程度，服务优质、环境宜人、设计雅致的民宿在积攒口碑的同时，又反过来推动旅游业规模不断扩大。

调研团队来到长沙村，被干净整洁的街道、色彩斑斓的房屋、内容丰富的文化服务中心深深吸引。这里既是乡村文化振兴示范基地，又是中共松山街道工作委员会党校、长沙村文化艺术驿站。这里，不单单是中国共产党红色基因、革命精神的纪念馆，也是长沙村党支部不断与时俱进创造发展机会的堡垒。近年来，长沙村立足自身区位优势，大力开展人才引进计划，积极引进社会资源，把旧仓库变成青年创客驿站，曾经的猪舍摇身一变成为诗歌咖啡屋，废弃的防空洞变成外形别致的酒吧。破旧民房被改造成纪念馆，记录着当地红色党史、渔业文化变迁的缩影。在这里，长沙村大力发展乡村文化集市，积极引进艺术类人才，建设映像陶瓷工坊、版画和漆画创作基地、邹光平油画工作室、汤养宗诗歌工作室、郑德雄摄影工作室等，并面向农民开展油画公益教学。纵观长沙村发展史，虽坎坷不断，但办法总比困难多。第一次是山村移民，第二次是产业转型发展滩涂养殖，第三次便是如今向文化旅游产业转型升级。在村党支部和党员致富能人的引领带动下，村民们开始大力发展观光农业、民宿等服务产业。长沙村还推行了村企一体模式，由党支部牵头注册成立霞浦州之洋旅游开发有限公司，将美丽乡村

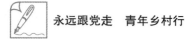

等投资作为资产打包注入，建设仿古式木屋、休闲台和栈道，并以招商引资和统一发包的方式经营。2018年，村财政收入突破50万元，从根本上改变了落后的局面。如今的长沙村已今非昔比，村民生活水平得到了提升，村里建设出了自己的特色和成绩。

二、乡村振兴中存在的问题

（一）茶叶种植业乡村情况调查

我们所选调研乡村人口大多以40岁以上中年人及老年人为主，中老龄化明显。从受访者受教育情况来看，村民的受教育情况仍处于较低水平。我国的情况仍是中高等受教育人群向城市流动并且聚集。受限于农村的就业资源与生活配套设施建设，接受高等教育的年轻人回农村定居的意向不高。

根据回收上来的问卷数据分析来看，高达53%的家庭从事农业生产人数为2人。根据实地调查，大都是中老年夫妻2人从事农业生产活动，其子女后代进入县城或城市工作生活。而部分整个家庭定居农村的，存在2人以上从事农业活动的情况。由于老年人居多，而老年人对于信息的获取能力和新技术的掌握能力较差，所以一些农业新技术包括数字普惠金融、保险贷款等业务并没有得到有效开展。

根据调查结果可以得知，虽然相关政府部门有组织相应的农业知识与技能培训，但是村民的参与比例不足。究其原因，在于农户大多以中老年人群为主，具备一定农业基础知识，但对新事物的兴趣和接受度较低，因此对于农业教学的参与兴趣低。

普惠金融业务的普及和使用大部分处于空白状态。除了部分因素在不同村民中有差异之外，有部分指标获得了村民的一致认知。例如村中光纤、网络、数字电视的普及率达到了100%，污水、垃圾处理方式是统一回收处理。可以看到，乡村振兴战略在霞浦山村地区落实情况已经初见成效。在基础设施建设方面逐步完善，居民生活便利程度相较以前大有提升。但在金融领域的普及方面，受限于农村人口年龄因素，仍有提升空间。

（二）滨海乡村渔业养殖业情况调查

在实地走访调研过程中，近70%的村民对海洋污染的认知处于较为不了解的状态，对于平时养殖副产品废料污染的认知仅有33%的村民认为严重。而政府在相关知识普及上仍有待补足。

渔业产品处理中，直接进行售卖的仍占大部分。其次便是有厂家收购进行包装以及二次加工。据我们的实地了解，其中的许多厂家就是建于村内的小型企业加工厂，与之前山区乡村相比，滨海渔村的居民创业意愿有所增加，但大部分人仍无创业意愿。主要是其自身营销模式问题，大多村民为个体户，自行进行养殖、捕捞、售卖。只有少部分村民在自身养殖捕捞的基础上收购其他村民的产品原材料，经过包装到市场上售卖，形成企业模式。因此存在创业意愿的村民属于少数。

走访的大部分村户，其产品都没有选择线上销售。一方面是由于在线下售卖已经足够保证产品销量，另一方面在于由于居民普遍年龄偏大，对于互联网的了解程度不足，无法使用互联网进行销售。由于村民养殖捕捞的大多都是海带、紫菜、海产品等经济作物，因而政府也不予以补贴。

根据我们实地调研数据，村民不参加农业保险主要有两方面原因，一方面是由于从事海带养殖的时间与台风来临的季节不冲突，因此平日养殖风险较小，没有必要参加相关保险；另一方面存在居民相关知识水平限制，对相关保险政策不了解。

同样，在一些问题上受调查的居民形成了一致的调研结果。村中垃圾污水处理都由村中统一收集，集中处理。在村民个体垃圾处理上，受调查居民都没有进行垃圾分类。而由于养殖产品多为海带，渔业产品仅在附近镇上售卖，村中并没有建立相关仓储冷链措施。在居民环保观念普及上，仍需要更多的宣传。

三、深化乡村振兴对策建议

霞浦县主要发展海带、海参、紫菜、黄鱼养殖，以及茶树、荔枝、葡萄等作物的种植。沿海村落以海产养殖为主，海水养殖容易导致近岸海域污染源增加，水资源受到威胁。政府应合理规划海洋养殖区域，一方面加大鱼苗养殖扶持力度，提供税收优惠和设施补贴，另一方面要注重海水养殖的可持续发展。

长沙村作为全国文明城镇，基础设施完善，要抓住乡村旅游发展的机遇，实现消费大众化、产品特色化、服务规范化、效益多元化发展。乡村旅游对乡土民俗文化、乡土地域特征强烈的依附关系，决定了乡村旅游的发展最终离不开当地

永远跟党走　青年乡村行

居民的积极参与，这就需要通过淳朴的民风来塑造一个对旅游者具有亲和力和吸引力的氛围。政府在给予一定的税收支持、土地使用和宣传推广等优惠政策措施的同时，也应加强对市场环境的规范制约，包括协助成立行业协会，鼓励农民和经营者成立民间团体等。

　　我们应在争取实现经济发展的同时，实现基础建设的大力发展，可以有针对性地在村内展开有利于民生事务的讲座，让村民切身体会到国家政策给自己带来的实质性帮助。

作　　者　西北大学经济管理学院本科生　颜　烨　何晶怡　许雨虹　吴芸漫　张玮豪
　　　　　　　　　　　　　　　　　　　边佳莹　郭嘉仪　唐帅臣　周杏妍　郑子彦
　　　　　　　　　　　　　　　　　　　曾　好

指导教师　王　莉　蔡一璇

19 关于淳化县产业发展的调研报告

一、实践地情况

淳化县地处三秦腹地、泾水之阳，距离西安市75千米，咸旬高速、211国道穿境而过。全县总面积982.5平方千米，下辖7镇1办6中心128个行政村，总人口19.3万人，其中农业人口17.2万人。淳化县是典型的山区县、农业县、生态县，2018年年底全县森林覆盖率达到37.23%，素有"关中夏都""天然氧吧"的美誉。近年来，淳化着眼高质量发展要求，真抓实干，奋力攻坚，全县建设迈出新步伐。

淳化县按照"一园三区六基地"的产业布局，形成了果业、畜牧、蔬菜等优势产业和油用牡丹、中药材等特色农业。具体情况如下：水果总面积44万亩，其中苹果38万亩（其中矮砧密植果园达到5万亩），出口果品备案基地3万亩。"淳化苹果"完成地理标志集体商标注册，连续3年荣获"中国陕西国际苹果博览会金奖"；生猪出栏稳定在60万头，其中家庭农场达到864栋，是陕西省500万头PIC商品肉猪养殖繁育基地核心区；蔬菜种植面积达到5.59万亩，设施蔬菜8900棚。淳化县还建成了省、市、县各级农业园区41个，发展农民专业合作社532家，"两品一标"产品达到10个以上；县镇村三级电子商务服务网络也逐步健全，2018年农产品网络销售额2832.3万元。

二、发展现状

（一）农村人居环境持续改善

统筹推进美丽淳化、花园城镇、生态文明乡村建设，水电路信等设施实现了村组全覆盖，乡村基础设施和公共服务设施不断完善。户收集、村管理、镇转运、县处理的生活垃圾转运体系基本构建，9个镇级垃圾填埋场、8个镇级污水处理厂基本建成。全县危房改造全部完成，累计建成美丽乡村8个。

（二）乡村治理体系初步构建

推进基层党建工作，建设基层堡垒，完善第一书记管理制度。村级党组织标准化推进有力，累计创建省市县党建示范村36个、达标村66个。县镇村三级法律服务站（室）基本建成，一村一法律顾问基本实现全覆盖。深入开展"六反十打"和扫黑除恶专项斗争，社会大局和谐稳定。加强社会治安防控体系建设，农村视频监控体系建成。一村一警覆盖所有行政村，十户联防试点初具成效。

（三）农村生态环境巩固提升

落实三级河长湖长责任，加大饮用水源地保护力度。完成畜禽养殖三区划定，规模养殖场专项治理深入开展，温氏模式家庭农场积极推广三分离技术，畜禽养殖粪污综合利用率达到91.8%。推进清洁能源替代，启动农村冬季清洁取暖工程。成功创建国家卫生县城、国家园林县城和省级森林城市，森林覆盖率达到37.23%。

（四）乡风文明建设初具成效

聚焦厚德淳化建设，实施文化惠民工程，扎实推进文明创建。积极开展图书馆文化馆总分馆制建设，建成镇办（中心）综合文化站12个、村级综合文化服务中心92个，农家书屋实现了行政村全覆盖。拥有各级非物质文化遗产23项，培育代表性传承人5人。对标省级文明县城标准，实施六德工程，文明村镇达到81个。

（五）群众生活水平稳步提升

淳化县乡村科教文卫体等服务设施逐步完善，群众生活水平稳步提升。2018年，农村居民人均可支配收入达到9721元。成功创建国家义务教育基本均衡县和陕西省"双高双普"县，极大改善了办学条件。稳步推进综合医改和县级公立医院改革，完善分级诊疗制度，基层医疗卫生服务水平稳步提升，新农合参合率达到99.42%。城乡居民社会养老保险与家庭养老、社会救助、社会福利等其他社会保障政策相衔接的制度体系基本形成,建成农村互助幸福院 91 个、留守儿童之家 8 所。

(六)农村各项改革积极推进

在全省率先完成了农村集体经济组织组建工作,被确定为国家农村集体产权制度暨"三变"改革整县试点县。"房地一体"确权登记发证启动实施。以重点扶贫项目为平台整合涉农资金。"三级联网四级联动"政务服务体系基本建成,在全市率先建成并运行网上政务服务中心,促进市县镇三级电子监察系统互联互通。

三、发展过程中存在的不足

一是自然条件制约较大。全县地貌为沟塬组合,山塬多、平地少,农业集中连片发展存在较大制约,乡村建设用地不足,群众居住分散,城郊与镇办(中心)、镇郊村和偏远村在产业发展、人居环境、基础设施等方面不均衡问题突出。

二是水资源严重短缺。县域水资源短缺且分布不均,水资源约束与经济社会发展矛盾日益突出。随着双矮苹果、畜禽养殖、蔬菜等产业的发展,水资源更趋紧缺。

三是基础设施存在短板。村级综合文化服务中心配备率仅为 45%,养老服务设施因缺乏人员和经费尚未发挥效能,乡村学校取暖、卫生、食宿、体育设施尚不健全。村级污水处理设施建设缓慢,乡村治安防控体系亟待加强。

四是其他发展要素制约。乡村发展还存在干部老龄化、劳动力不足、生产技术落后、资金渠道单一等要素制约。

五是宣传效果不明显,宣传不到位。淳化县拥有悠久的历史文化和独特的革命基地,具有良好的红色旅游发展前景。但调研中发现,鲜有游客驻足桃渠园革命史陈列室等红色旅游景点,这反映出当地政府的宣传不到位,导致人们对淳化县的景点不熟悉、不了解等问题。

六是各主体沟通不流畅。政府、企业和村民之间缺乏有效的沟通交流及合作配合。调研发现部分村民缺乏整体长远发展的意识,没有将自身发展融入政府以及整个县城的发展中,参与意识不强,没能很好地将自身的发展与淳化县旅游业的发展结合起来。此外,村民对政府实施的很多措施并不了解,无法参与进去,这也体现了部分驻村干部缺乏农村工作经验,对如何推动旅游产业的发展、群众增收等问题考虑不多、缺少办法,解决问题、推动工作视野不够开阔,创新意识不强,不能很好地推进工作。此外,企业在推进当地旅游产业的发展上没有起到很好的带动和推动作用,对它的发展持一种与己无关的态度。

四、对策与建议

(一)农村方面

为改变现状,一是积极发展农村产业,通过农产品或农村旅游等具有地域特色的产业,积极发展集体经济;或大力开展招商引资工作,通过外来资金流入带动农村经济发展。二是优化社区人员结构,提高社区管理水平,为每一户家庭送去关爱,同时,通过福利分红等提高人民收入,从而提高人民生活质量,增进乡村人民幸福感。注重农民知识技能的培训,提高农民技术水平,从而增进农民可持续发展能力,防止脱贫人口再度返贫。

(二)政府方面

一是对标"两不愁三保障"扶贫脱贫标准,扎实开展剩余贫困人口脱贫指标认定和脱贫退出,统筹推进贫困人口识别、扶贫对象自然增加减、信息采集等工作,确保扶贫对象动态管理工作有力有序落实。

二是开展信息数据排查工作,严格推行"四支队伍"初审甄别、镇办中心核实认定、行业部门联审反馈的"三级审核"制度,对"两不愁三保障"核心指标、关联指标和各类信息数据进行层层把关、联审统报,确保信息数据口径统一、衔接一致。开展脱贫攻坚信息数据"双比对双筛查"(组织乡镇与部门、部门与部门之间进行数据循环比对,组织开展筛查疑似错误数据和帮扶举措),对"两不愁三保障"核心指标、关联指标,以及安全饮水、经济收入、帮扶措施等各类信息数据进行层层把关、联审统报、核实录入,切实做到国扶办系统、行业部门系统、大数据平台、户档资料、贫困户家庭实际"五个衔接一致",确保帮扶措施精准、脱贫成效精准。

（三）产业发展

一是要持续增加群众收入，政府大力发展扶贫产业，坚持聚焦农资保障、聚焦特色产业、聚焦消费扶贫、聚焦技术服务"四个聚焦"。

二是要抓好"安居+乐业"社区扶贫培训就业基地建设项目，坚持扶贫资金整合、村集体入股联建工厂、平台建设管理运营、企业市场运作、壮大村集体经济组织的模式，坚持规划、设计、建设、运营的统一原则。

三是要抓好光伏扶贫工作，制定下发了淳化县《村级光伏扶贫电站收益分配管理细则》《村级光伏扶贫电站运维管理办法》，进一步明确了电站收益分配方式和后期维护管理责任，将全县21个联村电站的资产按照出资占比全部移交到95个建档立卡贫困村集体，确保光伏电站持续发挥效益。截至2020年9月，共结转电费收益218.63万元，实际结转到村集体经济组织43.6万元，为2032户贫困户分红180万元，为95名公益岗位和临时用工贫困劳力发放工资175万元。

四是要开展技能培训，围绕现代果业、畜牧业发展，围绕现代果业、畜牧业发展，举办实用技术培训54场次，培训贫困群众4000余人次，确保培训的每户贫困户至少有一人掌握1～2门实用技术。举办了贫困村致富带头人培训3期，培训致富带头人179人，为贫困人口实现脱贫致富奠定了坚实基础。

五是要有效发挥小额信贷作用，围绕贫困群众特色产业发展，累计向建档立卡贫困户发放扶贫小额贷款4242笔12795.5万元，贫困户有效信贷需求达到100%，建档立卡贫困户获贷率31.67%，有效解决了贫困户发展资金短缺的难题。

（四）基础设施

为发挥基础设施效益，政府加快贫困村基础设施建设，今年以来，投资2089.4万元，完成硬化村组、村内连接路25.4千米，修建街道排水渠17.8千米，新建100方蓄水池4个、50立方米3个，铺设水管网共计8.7千米，配套闸阀井、闸阀等配套设施，方便了群众生产生活，改善了村容村貌。

同时要加强基础设施管护，成立了扶贫资产管护工作专班，印发了淳化县《关于进一步做好扶贫资产管护工作的紧急通知》《扶贫资产管理排查登记专项行动工作方案》，按照"权属清晰、分级管理"和"谁受益、谁所有、谁管理"的原则，持续推行基础设施建设管护"133"机制，明晰各类扶贫资金资产和硬件设施的所

永远跟党走　青年乡村行

有权、经营权、管理权，落实了管护责任和管理经费，加强管理运营，建立健全了县、部门、镇、村四级扶贫资产台账，健全完善了扶贫项目资产管护制度和运行机制302个（其中县本级8条，其他294条），落实扶贫项目资产登记备案、运营管护、收益分配、资产处置和监督管理等措施，确保经营性项目资产得到保值增值，公益性项目资产高效运转，扶贫效益持续发挥。

作　　者	西北大学经济管理学院本科生	杨晨誉	吴佳怡	祝　楠	安　婷	王旭超
		管思佳	马青雨	高建瓴	王乾乐	谢宜菲
		代雪敏	周思睿	张力敏	杨　潇	刘严严

指导教师　赵景峰

20 关于榆林市横山区肉羊养殖业发展的调研报告

党的十八大以来，以习近平同志为核心的党中央把脱贫攻坚摆在治国理政的突出位置，作为实现第一个百年奋斗目标的重点任务，纳入"五位一体"总体布局和"四个全面"战略布局，做出一系列重大部署和安排，全面打响脱贫攻坚战。到2020年我国现行标准下农村贫困人口全部实现脱贫、贫困县全部摘帽、区域性整体贫困得到解决。"两不愁"质量水平明显提升，"三保障"突出问题彻底消失。贫困人口收入水平大幅度提高，自主脱贫能力稳步增强。贫困地区生产生活条件明显改善，经济社会发展明显加快。

为了实现巩固拓展脱贫攻坚成果同乡村振兴有效衔接，巩固拓展脱贫攻坚成果，促进乡村振兴，助力解决乡村相对贫困，加快农业农村现代化的重要举措和现实需要，本团队积极展开调研并形成了调研报告。

一、实践地情况

榆林市横山区地处陕西省北部、毛乌素沙漠南端，无定河中游，由于其境内横山山脉而得名，北部为风沙草滩区，南部为黄土丘陵区。横山属于温带半干旱大陆性季风气候，四季分明，昼夜温差大。辖区面积4333平方千米，下辖13镇1个街道4个办事处，常住人口18万人，境内拥有较为丰富的矿产资源，探明的有煤、天然气、石油、矿盐等近10种，其中，煤炭储量达500亿吨。2020年全区GDP约200亿元，处于榆林市中游水平，其中第一产业占比约为13%，第二产业65%，第三产业22%，整体经济依然较为依赖以煤矿等自然资源为主的第二产业。

而本次调研的两个村镇（吴东茆与马家梁）都处于横山区城管街道辖区内，均处于非矿区，以传统农业为主。

吴东峁村位于横山城区以西，长城以北13千米处，全村辖13个自然村20个村民小组，总人口501户2010人。总土地面积35平方千米，其中耕地面积14070亩（人均耕地7.5亩），有效灌溉面积3100亩。吴东峁村以养羊和种植杂粮为主，种植小杂粮3100多亩，户均6.2亩。2020年羊只养殖饲养量达10500只，户均40只，是全区远近闻名的养羊示范村。2020年全村农民人均可支配收入12500元。

马家梁隶属横山区城关街道办，毗邻榆靖高速路横山连接线，明长城沿线，王圪堵水库南岸，距横山城区9千米，全村辖4个自然村12个村民小组，总人口415户1287人，总土地面积34平方千米，其中耕地面积5000亩（人均耕地3.89亩），全村以养殖、饲养、种植业为主导产业，全村有养殖专业合作社3个，养羊户经济占全村总户数的90%，全年出栏陕北白绒山羊5100只，其中种羊4000只。全年农业产值达798.58万元，其中陕北白绒山羊产值686.98万元，劳务输出收入30万元，粮食收入52万元，其他收入27万元，全村村民人均可支配收入为13500元左右。

由于多年的羊肉养殖传统和当地独特的水土，横山当地产出的羊肉在陕北乃至其他周边地区都具有一定的品牌效应，尤其以羊肉不膻作为其重要卖点，"横山羊肉"乃是知名的农产品品牌。当地农民几乎家家户户都从事过山羊养殖，想养殖，能养殖，而且会养殖，具有很好的开展养殖业的基础。肉羊养殖作为当地农户重要的收入来源，肉羊养殖产业的发展对于横山区巩固脱贫攻坚成果和推进乡村振兴具有重要意义。

根据调研，其育肥养殖的意义主要体现在以下几个方面。

（一）肉羊养殖业是当地农民增收的主要途径

在当地政府的有力推动下，以陕北白绒山羊为主的羊产业和以羊产业为主的现代畜牧业快速健康发展，为全区农民稳定增收、农村全面建成小康社会奠定了坚实基础。

2019年横山区肉类总产量为12163.5吨，其中，羊肉产量居于首位，为7135吨，占横山区肉类总产量的58.7%，猪肉产量3878吨，居于次位，占肉类总产量的31.9%，而禽肉、牛肉以及其他肉类产量很低，只占总产量的10%左右。从肉类产量的占比可以看出，横山区的肉羊养殖业在农业产业中举足轻重。

据横山区政府统计,到 2019 年,全区羊子饲养量 132.53 万只,羊肉产量 4508 吨,羊产业产值达到 7.73 亿元,以陕北白绒山羊为主的羊产业已成为区域经济增长、农业增效、农民增收的主导产业。从全区农业总产值构成来看,农牧产业始终占据主导地位,近年来,全区畜牧业产值占大农业产值的比例基本在 50%以上,可以看出,横山区农业增效、农民增收,主要在于以羊产业为主的畜牧业。

表 20-1 马家梁、吴东峁村部分农户农业生产收入情况

单位:元

序号	村别	农业总收入	种植业收入	林果业收入	副产品收入	养殖业收入
1	马家梁	165000	0	0	5000	160000
2		200000	30000	0	0	170000
3		180000	20000	0	0	160000
4	吴东峁	50000	10000	0	0	40000
5		60000	0	0	0	60000

资料来源:调研团队实地调研数据。

以此次调研走访的横山区城关镇马家梁和吴东峁两个村为例,选取 5 家农户,将农业生产收入分为种植业收入、林果业收入、副产品收入和畜牧业收入,从调查结果来看,有两个值得关注的特征:一是不同家庭之间的农业收入差别较大,一些家庭农业总收入达到 20 万左右,而一些家庭的农业总收入只有 5 万元左右,造成这种收入差距的原因可能是养殖规模的不同,据调查走访得知,马家梁村养殖区和居住区分开布局,养殖户多以规模养殖为主,而吴东峁村则多为个体养殖户,养殖规模较小;二是在家庭的农业总收入中,养殖业收入占比最大,有的家庭的农业收入几乎全部来源于养殖业收入,除此之外,种植业也为农户带来了部分收入,但农户在林果业、副产品方面几乎没有收入。由此可以看出,横山区的部分村落对养殖业的依赖程度非常大,养殖业的发展情况与农户的生活水平息息相关。

(二) 良种的选育、引进和推广的作用举足轻重

据统计,目前横山区建成冷冻精液站 3 个、人工授精站 150 个、养羊基地村

130个，年配种量达20万只以上。陕北白绒山羊群体产绒量由420克提高到500克以上，适繁母羊产羔率由105%提高到120%以上，羔羊成活率由70%提高到95%；单项或多项技术覆盖率达到25%~50%。示范户饲养1只母羊年利润由300元提高到600元，直接经济效益300元以上，基本形成了集科研、示范推广引进为一体的陕北白绒山羊顶层核心场。

在羊种升级换代过程中，横山区加强与西北农林科技大学等高校、科研院所合作，一方面做好陕北白绒山羊品种保护，另一方面进一步开展优质育种羊选育、扩繁，提高核心供种能力。几年来，以狄青塬种羊场为核心，以双城、艾好峁、塔湾、赵石畔、横山镇、雷龙湾等周边育种村、示范村为基础，横山区建成了覆盖全县、辐射周边的陕北白绒山羊良种繁育推广体系。

经过几年高速发展，农民养殖经营收入已经形成了良种繁育和育肥羊经营两条路。据统计，去年横山羊肉生产经营达到了1.25万吨，生产羊毛789吨、羊绒462吨、羊皮75万张，产值达到了10.59亿元。几年来，全县先后向省内及全国提供了5300只优质陕北细羊毛种羊和1.35万只陕北白绒山羊种羊。

二、横山区育肥养殖面临的问题

（一）养羊农户减少，羊农后继乏人

在农村种田养羊和外出务工经商比较利益的驱动下，近些年横山区北部养羊重点地区的一些农民举家外出打工，原养羊只都被卖掉，这些地方羊只数量减少。通过对比分析本次调研中农户家庭中务农人数和务工人数，可以得知个体养羊户所面临的困境。调研中发现，一般农户家中长期务工人数都大于或与在家务农人数持平。一般来说，在外务工的多为青壮年，在家务农的多为中老年人。年轻人宁愿选择外出打工而不愿意从事养殖业主要有两方面的原因，一方面，养殖业周期长，风险较大，特别是饲料价格的波动会极大影响最终收益，而外出打工工资来源比较稳定；另一方面，随着城市化的快速发展，教育、医疗等资源都集中到城市地区，养殖业所依靠的农村地区无法提供优质的教育和医疗等保障性资源。

（二）育肥养殖产业化发展还有待形成

横山区养殖业的发展还面临许多障碍。一是羊产品的生产、加工、销售还没

有形成完整的链条,特别是缺少羊绒精深加工企业,不能实现羊农和加工厂家产销直接见面,中间环节多,影响了羊产品的售价和羊农的收益。二是羊饲草未能形成产业化建设。除人工种草不能适应养羊发展需要外,羊饲草的精深加工饲喂,农作物秸秆的充分利用都未达到应有的程度,草产业建设严重滞后。三是技术支撑体系薄弱,动物遗传育种等较高技术要求的人员缺少,不能适应广大农民养畜的需要。四是社会化服务体系没有真正建成,发挥不出应有的作用。尽管目前全区已经有有关羊产业方面的协会、合作社,但真正能把全区养羊户联结起来,发挥产前、产中、产后服务功能的却为数很少。广大羊农的资金筹措、信息传递、产品销售还比较滞后,社会化大生产的组织、服务体系都未能真正建成。

三、对策与结论

(一)加大政府对山羊养殖业财力、物力的投入,更大规模发展山羊养殖业

养殖业在横山区农村经济发展中有着重要地位,榆林市作为生态环境脆弱区,当地政府禁止自由放牧,主要以舍养为主,私人羊场较多。经调研访谈,我们将养殖户的经验总结为:"选好羊的品种;选好羊场向阳通风场地,建好羊舍;按照羊的不同生长阶段和品种合理搭配,分类饲养;养羊要发展,关键在防疫",因此政府可以在羊种选择、饲料使用、防疫方面要求相关部门给养殖户提供一定政策建议。当地政府可以根据不同家庭情况采取不同政策措施,对劳动力充足、有能力进行育肥养殖的家庭给予财力支持,可以通过无息贷款或政府补贴等形式让农户有能力购买小羊羔、建造羊场;对因病导致缺乏劳动力的家庭,政府可以补贴少量小羊羔,让这些农户进行传统养殖,卖绒毛和羊肉获得收入。

(二)大力推广滴灌技术

横山区地处陕北黄土高原,与内蒙古接壤,干旱少雨,农作物产量少、品种少,主要以玉米种植为主。调研发现,由于今年七八月一直未下雨,横山区玉米面临颗粒无收的情况。而玉米作为主要的羊饲料,颗粒无收增加了养殖户的经济负担。我们了解到横山区吴东峁村合资购买了一台滴灌设备,对四五百亩玉米进行大面积滴灌,玉米长势良好。因此希望政府可以投资大力推广滴灌设备,这不仅可以保证农民获得稳定的农产品收入,同时养殖户可以获得大量的饲料从而降

低养殖成本，有利于横山区养殖业的发展并提高农民的生活质量，从而更有效地推动乡村振兴。

（三）调整生产结构，打造特色品牌

建立完整的养殖产业链，对畜产品进行深加工，形成完整的产品组合，提高商品率和附加值。大力发展山羊养殖业可持续发展，重点发展横山羊品牌特色，与旅游、电商等结合，让横山羊走出去，走向全国各地，让更多人了解横山羊，推动横山地区经济发展。横山区养殖大多是私人养殖，资金、劳动力、销售等都可能是阻碍大规模养殖的重要因素。我们应大力推广合作社建设，使养殖业从品种选择、饲养，到销售形成一个统一的产业链，将养殖业做大做强，走上规模化生产道路。党的十九大报告提出实施乡村振兴战略，为我国农村现代化发展提供了方向，而产业兴旺是乡村振兴的首要条件，是乡村振兴的关键，可以有效推动乡村振兴。山羊养殖业作为横山区经济发展的重要组成部分，利用自身的比较优势有望成为横山区产业兴旺的重要部分，助力乡村振兴的实施。我们应努力促成山羊养殖产业链的形成。

（四）加强生态环境保护

横山区地处于毛乌素沙漠东南，曾饱受风沙侵扰，土地沙漠化严重。当地政府应致力于提高植被覆盖率，修复被破坏的土地，恢复生态环境，以扩大农业种植面积，促进农村经济发展。同时在矿业的带动下横山区工业发展较快，在工业化快速发展的同时，政府应努力做好工业污染物排放的监测，保持工业绿色可持续发展，使老百姓享有绿水蓝天的居住环境。

作　　者　西北大学经济管理学院研究生　赵治博　廉玉妍　吕　浩　米　儒　杨　莹
指导教师　徐自成

21 关于三原县乡村振兴之路的调研报告

为进一步了解国家脱贫成果，推进实施乡村振兴战略，西北大学经济管理学院三下乡暑期社会实践活动调研小分队于2021年7月17日至7月21日，以陕西省咸阳市三原县为案例地展开调研，在此基础上深入了解走访具有典型代表性的、脱贫振兴成果比较显著的乡村——嵯峨镇屈家村、嵯峨镇天井岸村、新兴镇塔凹村。在此期间，队员们进行了明确的分工并且分小组对农户展开调研，并通过调研问卷的方式收集了各个农户的家庭基本情况、家庭经济情况、受访者需求情况等数据，并依照调研数据，从三原县脱贫成果、当下与实现乡村振兴的差距、为实现乡村振兴的措施三个板块进行分析总结，现形成以下调研报告。

一、三原县农村脱贫情况

为积极主动响应国家政策的号召，位于关中平原腹地，素有八百里秦川"白菜心"之美誉的三原县在几年内即采取系列措施打响了脱贫攻坚战，成效显著。306户889人贫困户稳定脱贫，"两不愁三保障"各项硬指标全部达标；培育14个特色产业，嵌入产业贫困户3512户，全县312户贫困户户均年增收4600元以上；营造创业就业良好氛围。围绕"一人就业、全家脱贫"目标，累计转移贫困劳动力2758人，组织家政、种植养殖、电子商务等培训，实现8808名贫困劳动力就业创业；累计实施农村危房改造2797户，解决6990名贫困人口住房问题，自来水入户普及率100%；全县累计脱贫4843户16258人，53个贫困村全部退出，贫困发生率下降到0.43%。

（一）聚焦政治引领，提升政治站位，强化主体责任

县委、县政府多次召开脱贫攻坚领导小组会、县委常委会、政府常务会，进

行专题研究和讨论，严格落实"五个一线"工作法，第一时间部署落实，第一时间传导压力，全县141个村全面实行脱贫攻坚村级"总队长"制度，全县33名县级领导、108名乡镇和部门科级干部任141个村"总队长"，主要领导每月分片区召开工作推进会，分管领导每周召开专题会，其他县级领导每周至少一天深入包抓镇村，督促研判，解决问题。县委书记、县长带头履行主体责任，遍访贫困村、主动"解剖麻雀"，当好"施工队长"，完善了脱贫攻坚《问责办法》《成效考核办法》等制度性文件，从而更好地激励县级领导察实情、解难题、补短板。

（二）聚焦目标任务，强化结果导向，完善脱贫机制

按照"分解到年、精准到人"的要求，紧盯年度减贫任务，对标贫困户退出5项标准和"两不愁三保障"核心指标，精准落实"八个一批"政策措施；对已脱贫的家庭，按照脱贫攻坚期内政策不变的要求，继续全面享受脱贫攻坚政策。为防止返贫现象发生，下发了《关于建立防返贫监测预警机制的实施方案》《巩固脱贫攻坚成果的意见》，从安排部署、落实推进、督导检查、结果验收四个方面形成闭合环路，确保贫困户稳定脱贫。2016年至2020年三原县共投入财政专项扶贫资金、行业扶贫资金、部门帮扶资金、企业及其他社会帮扶资金等各类扶贫资金共11.68亿元，形成经营性扶贫资产、公益性扶贫资产、到户类扶贫资产共2423个，合计5.67亿元。

（三）强化政策落实，提升保障水平

严格对标贫困户退出5项标准和"两不愁三保障"核心指标，坚持把住房、教育、医疗、饮水作为贫困群众脱贫的最基本要素，聚焦安全住房和饮水安全存量完成、增量解决和变量应对，全力以赴筑牢"三保障"体系。

（四）聚焦责任落实，强化督查督导，提升帮扶水平

严格落实"三级书记"遍访制度，县镇村三级书记累计遍访11968次。修订完善了《第一书记管理考核办法》，下派结对帮扶干部2876人，派驻驻村工作队158个，驻村干部587人，选派264名脱贫攻坚督导联络员进驻88个非贫困村，确保所有行政村做到排查全覆盖。建立督查督导机制，聚焦"三保障""三落实""三精准"要求，2个督查督导组对全县"八办三组"牵头部门、14个镇（办、中

心）141个行政村，进行常态化督查督导督战，确保脱贫退出"村村过硬、户户过硬、全面过硬"。

（五）聚焦风险化解，强化监测预警，提升防范能力

常态化开展建档立卡贫困户信访处置、舆情监测、信贷逾期等监测预警，建立临界问题排查机制，完善重点农户预警监测台账，实行动态管理。涉贫信访处置方面，成立了以主管扶贫的副县长为组长的信访专项问题调查工作小组，第一时间响应信访案件，所有涉贫信访案件全部按照规范程序处理完毕，依法信访工作进展明显。涉贫舆情监测方面，对全县未脱贫户、边缘户、脱贫监测户等重点风险人群在政策上再倾斜、措施上再丰富，切实解决了数据信息的不全、不实等问题。小额信贷逾期方面，成立了扶贫小额信贷风险防控处置领导小组，全力做好扶贫小额信贷呆账坏账风险化解工作，先后发放扶贫小额信贷938户、3969万元，小额信贷逾期率为零。

（六）聚焦典型塑造，强化扶贫宣传，提升攻坚氛围

全面推行"扶志六法"，持续开展"明理、感恩、诚信、自强"教育活动，利用报刊、电视、政府网站、微信公众号等平台，强报道、扩影响。相继在省市各大媒体刊载宣传稿件500余篇，编印《三原县决战决胜脱贫攻坚简报》132期，《三原扶贫》月刊30余期。先后举办了脱贫攻坚成果展示暨消费扶贫产品展销活动、"庆丰收、促脱贫、迎小康"摄影大赛作品展、"讲述扶贫故事、决胜小康社会"脱贫攻坚主题演讲赛等活动，在全县范围内推广5项实施程序、5个宣传载体、5项配套措施的"三个五"村规民约工作机制，全面激发贫困户自主脱贫内生动力，不断增强扶智扶志水平。

二、三原县乡村振兴发展存在问题

通过表21-1和表21-2可以发现，在总收入方面，脱贫户为普通村民的66%，总收入差距约40000元。其中，脱贫户的政府转移性收入占比11%左右，而普通村民政府转移性收入占比3%左右。在人均收入方面,脱贫户为普通村民的约80%，差距4483元。在教育费用方面，脱贫户为普通村民的24%，差距6230元。

表 21-1　脱贫户家庭收支情况表

单位：元

	总收入	总支出	人均收入	人均纯收入	政府转移性收入	农业总收入	工资性收入	农业总支出	教育费用
平均数	77090	19210	20360	15788	8796	19125	46600	6875	1900
中位数	80822	11400	20989	15968	4914	14000	43800	5000	650

表 21-2　普通家庭收支情况表

单位：元

	总收入	总支出	人均收入	人均纯收入	政府转移性收入	农业总收入	工资性收入	农业总支出	教育费用
平均数	116117	34540.67	24843.55	20185.24	20185.24	26987.18	72538.46	6900	8130
中位数	83000	21600	19000	19000	1800	16000	40000	5500	10000

资料来源：调研团队实地调研数据。

注：数据以平均值计算。

根据调研与数据整理，三原县在乡村振兴发展中存在的问题主要集中在以下几个方面。

（一）产业发展有待转型，规模需要提升

一是参与产业发展的人数少。在调研团队采访的乡村中，村干部组织种植经济作物花椒，参与村民皆取得不错的收益，但是参与人数较少，只有 16%。

二是产品销售容易受到环境和市场需求的影响，且养殖业发展多以家庭小规模养殖为主，缺乏大规模、机械化的养殖场。

三是村民的收入来源主要依赖外出打工，部分农民对乡村产业的信任度不足。

（二）生态宜居初见成效，但仍需强化提升

我们询问了三原县居民队环境和水利交通的满意程度，在采访的 52 户居民中，"非常满意"的有 3 户，占比为 5.7%；"比较满意"的有 26 户，占比 50%；"一般"的有 17 户，占比为 32.6%；"不太满意"的只有 5 户，占比只有 9.6%。

由此可见,三原县居民对本村的生态以及居住环境总体满意度较高,在生态宜居方面,三原县距离实现乡村振兴差距不大,但仍需努力。

(三)乡风文明建设成效不足,乡风民俗亟待活化

一是三原县的乡风文明程度较好,但是村民的满意度不高。为实现乡村振兴,还需要多听取群众的意见,多办一些文化建设活动以提高居民的满意度,并且加大文化活动宣传,切实满足农民对文化生活的需要。

二是村内整体的文化水平较低。要实现乡村振兴,还需要重视乡村孩子的教育,不断吸引高素质人才回乡创业,做到培养人才、留住人才。

(四)乡村治理体系已初步形成,治理效果有待发挥

在脱贫户中,政府转移性收入平均每年8796元,在普通居民中,也有政府转移性收入,社会福利水平高。村民对村里事务关注度较高,产业发展、村级集体经济发展、路水电网垃圾处理等基础设施建设、教育医疗养老等公共服务提供等都是村民关注的重点。在医疗水平方面,三原县居民认为医疗水平能满足要求的有94%;在乡村六通方面,除个别地区受地理位置因素影响没有通宽带和班车外,其他村落已基本实现,村民生活有保障。总体来看,三原县建立了完善党委领导、政府负责、社会协同、公众参与、法治保障的当代乡村社会治理体制,健全了自治、法治、德治相结合的乡村治理体系,在治理有效层面与乡村振兴差距不大。

(五)城乡居民贫困差距仍然突出,共同富裕需要稳步推进

目前,脱贫户仍对政府转移性支付依赖较大,不利于实现生活富裕的目标,而普通村民收入仍依赖外出务工,青年多数在城市务工,不利于乡村振兴相关政策在乡村的实施。并且无论是脱贫户还是普通村民人均收入仍和生活富裕目标有较大差距。更重要的是,在教育费用方面,普通村民平均每年教育费用支出为8130元,而脱贫户为普通村民的24%,差距6230元,村民整体在教育方面的支出较少(不过很大一部分是由于教育优惠政策),并且脱贫户与普通农户教育费用支出差距较大,这有可能导致未来的相对贫困产生。

三、三原县乡村振兴对策建议

（一）进行产业发展，因地制宜选择产业

一是要依据当地的自然资源优势、生态环境类型、文化风俗习惯和社会经济发展水平，选择适宜、容易被农民接受的农业产业，可以发展单一的种植业或养殖业，也可发展种养结合产业、农副产品加工业，将农业产业延伸从而与二、三产业有机融合，发展观光休闲农业与乡村旅游产业等。

二是构建现代农业产业化体系，以市场作为导向，发展地区主导产业，做好区域布局与规划。实现四个"创新"：产品创新、经营创新、科技创新、文化创新；实现"四化"：专业化、品牌化、信息化、标准化；形成种养加、产供销、贸工农、农工商、农科教一体化经营体系。依靠龙头及新型农业经营主体、市场带动，使农业逐步走上自我积累、自我发展、自我创新、自我协调的道路。通过拓展农业产业链，壮大乡村经济，吸收和带领更多农村劳动力创业就业，走上致富道路。

（二）制定适宜的扶持政策

一是尽快建立起以非价格支持为主导的新型农业支持政策体系。政府对于农业的支持政策包括产业发展政策、农业金融支持、贷款贴息扶持、科技创新推广政策、农村人才培育政策、基础设施补助政策等。

二是引导农业农村发展方式的顺利转型，建立起机械化、高科技的农业发展模式，积极引进先进技术和高素质人才。

三是建立健全城乡发展体制机制和政策体系。当前，城乡发展不平衡，农村落后于城市发展，健全的城乡发展体制机制和政策体系可以进一步推进城乡共同发展。

（三）重视农村生态环境保护

一是保护乡村生态。对于环境优良的乡村要保护生态平衡、适度开发、绿色生产，产业引进与发展要减少对环境的破坏；对环境出现恶化的乡村要加以改造，增加绿色植被、修建基础服务设施，让农村居民生活环境尽快"绿"起来、"美"起来。

二是建设农民的幸福家园，整治村容村貌。目前许多地区贫困人口仍居住在大山深处，就业机会缺乏，交通极其不便，生活简陋。要在尊重农民意愿的基础上，继续推进危房改造工程和易地扶贫搬迁项目，科学规划县域乡村建设，让农村居民有房可住、住得安心。

（四）乡村精神面貌的改善

一是注重乡风作用。首先充分挖掘和了解乡风内涵，其次要辨别精华与糟粕，并不是所有的乡风都必须继承与弘扬，要充分认识乡风的价值，在尊重原有乡村文化体系的基础上吸收现代文明，可将乡风文明与乡村建设相融合。

二是要增强乡村内部的凝聚力和聚合力，团结协作才可事半功倍。

三是结合多种渠道，拓展多种思路。要形成本乡村特有的建筑格局、组织制度、乡规民约等；加强农民思想道德教育，培育农村新民；注重农村儿童的教育，解决因贫困辍学的问题，避免贫困的代际传递。

四是要注意乡风文明的内容与形式同社会进步和环境变化与时俱进。

（五）提高乡村治理水平

一是要充分尊重村民的意愿。"水能载舟，亦能覆舟"，农民群众的力量不容忽视。要保证农民的参与权、知情权、表决权，不做损害农民利益的事情。

二是要公平公正。村民委员会、村基层党委会的选举产生要通过民族选举、民主决策的方式产生，还要对其进行民主监督，选举出真正有实力、为老百姓办实事的管理者。

三是要制定规划，循序渐进。一个乡村就是一个整体，要想实现发展壮大就要确定乡村发展方向与目标，制定乡村发展的总体规划与具体实施策略。结合发展要求合理配套公共服务设施，使乡村各项服务更完善、乡村人际关系更加和谐。

作 者	西北大学经济管理学院本科生	肖凯月	闫成林	毛肖阳	岳钰晖	王晨阳
		王旭东	李鑫鹏	李婉婉	孙铃铛	金叙含
		张文杨	刘旭静	杜聪颖	郑 威	乔梦雪
		吴 丹				
	西北大学法学院本科生	李文欣				
指导教师	刘军胜					

22 关于宜川县苹果产业助力乡村振兴的调研报告

新中国成立之初,由于土地贫瘠、资源匮乏等原因,宜川县经济状况极度困难。1973年人均年收入仅为63元。但在长期发展过程中,宜川人根据当地自然条件发展苹果产业,并取得了较大的成就。截至2020年,宜川县苹果产量达到51万吨,城镇居民人均可支配收入35178元,农村居民人均可支配收入12271元。今天的宜川县已是全国苹果强县,从"一方水土难养一方人"的苦弱贫乏,到"生产美产业强、生态美环境优、生活美家园好"的乡村振兴样板。本次实践活动以调查问卷和实地走访对宜川县苹果产业发展情况和脱贫现状等问题进行深入调研,并对调研情况进行分析,查找当地苹果产业发展存在的问题,并提出针对性解决方案,有力地支持当地产业发展,推动乡村振兴。

一、宜川县基本情况及调查分析

(一)家庭基本情况

受访者中男性占53%、女性占47%,比例较接近,样本选择具有代表性。受访者中年龄50岁至69岁的占比62%,30岁至49岁的占比24%,70岁以上及30岁以下的占比共14%。值得注意的是处于50岁至69岁区间的人数超六成,占绝对优势,而30岁以下人数只占5%,我们的抽样方式为简单随机抽样,可以从一定程度上反映出长期居住在调研地的年轻人口较少,人口老龄化问题凸显。生活水平、生活方式、工作内容、相关政策留不住年轻人,未来产业谁来接手、村子谁来发展成为难题。

受访者最高学历为小学的占比38%,为初中的占比31%,为高中/中专/职高/技校的占比16%,其余占比总共15%。这与父母对教育的重视程度、村里的教育基础设施、家庭基本情况都有着密切的联系,如何提高人均受教育水平的问题还需要受到重视。

受访家庭中,长期在家务农的人数占64%,在外务工的人数占36%。多数为家里的老人在家务农,年轻人在外务工照顾孩子上学,农忙时回家帮忙。村子里没有学校,务农收入极不稳定,因此外出务工顺便照顾正在上学的孩子便成为大多数年轻人的选择。

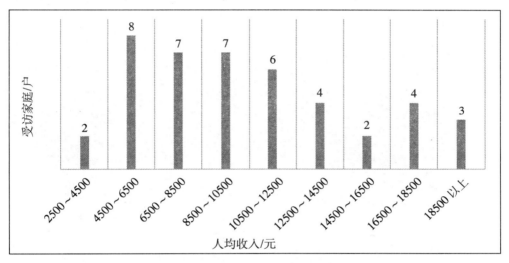

图22-1 宜川县人均收入统计图

(资料来源:调研团队实地调研数据)

(二)家庭经济情况

从图22-1可以看出,43户受访家庭中,65%的人均年收入处于4500~12500元区间,超过18500元的仅有3户。而2020年全国农村居民人均可支配收入已达到了17131元,受访家庭中只有10%达到了全国平均水平。再看人均纯收入情况,有33%的受访家庭人均纯收入为非正数,结合具体情况可推测,近几年调研地经济收到了严重打击,导致近些年很多受访家庭入不敷出,仅能维持基本支出。调研中受访家庭的收入来源主要是农业生产收入,少部分是工资性收入,其他来源只占极少的比例。近期来看,要想提高收入,还需要在农业生产上加大力度。而各项支出中约60%的支出是对农业生产的投入。

（三）需求情况

图 22-2 展示了近一半受访者的评价是一般，村民的幸福感普遍较低。宜川县需要坚持不懈的发展，并在发展中注重对村民幸福感的提升，不断改善民生。从图 22-3 可以看出，村民们对村里的医疗条件的满意度不高，认为村里的医疗设施能满足自己需求的人数只占 40%，因此想要提高村民们的幸福感还需要在这方面重点着手改善。

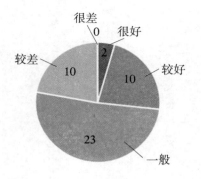

图 22-2　受访者对于生活状况的评价

（资料来源：调研团队实地调研数据）

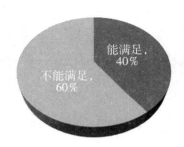

图 22-3　受访者对就医需求满足情况

（资料来源：调研团队实地调研数据）

图 22-4 展示了受访者普遍认为对产业的扶贫政策最能帮助到自己，因地制宜，对这些政策的不断完善还是很值得期待的。从图 22-5 可以看出，34 人表示希望政府继续加强产业发展方面的扶持，近 40 人表示希望政府支持教育、医疗、文化事业和水电路网、农业水利等基础设施建设，但是对人才支援、生态环境整治方面的需求还没有较深的认识或较高的需求。

二、宜川县现存问题总结

（一）收入受自然灾害影响大

宜川县位于大陆性气候区，本身冬春较为干旱，盛花期晚霜时有发生，夏季暴雨冰雹较多，灾害性天气频发，加之近些年气候变化，使得宜川县无霜期减少，

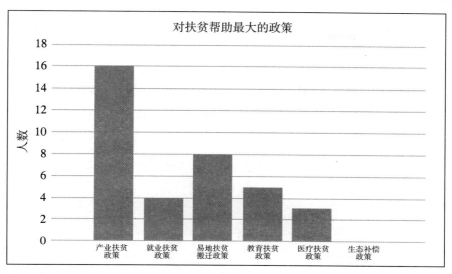

图 22-4 对扶贫帮助最大的扶贫政策

（资料来源：调研团队实地调研数据）

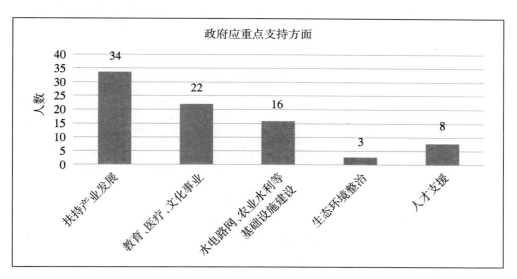

图 22-5 希望政府支持的方向

（资料来源：调研团队实地调研数据）

苹果销量严重受损，村民收入受到很大影响。调研过程中多位采访者表示最近两年苹果受冻灾，连年亏本。

（二）收入结构单一

大部分村民只是进行苹果种植，产业结构单一，收入十分容易受环境要素影响，收入来源不广泛，这也是村民收入普遍较少的原因之一。村民收入数量少，收入结构不合理会使村民的生活预期下降，从而导致大量的年轻劳动力流出，留守问题加剧，与之相对应地，苹果种植更难形成产业化的发展，造成恶性循环。

（三）相关政策在基层落实不到位

一是村委会没有起到实质性作用。村委会办公室常年关门，村民若是有问题，找不到可以提出诉求的渠道。

二是村民对于政府补助政策不了解，也表示自己很少或没有受到过补助。

三是政府不能深入基层切实调查果农情况。即使是近几年苹果受灾严重，果农亏本，政府补助也比较少，尤其是一些扶持方案没有落实到位，也没有专业的指导和管理，缺乏系统性的帮助，果农仍旧在使用传统的方案和传统的技术，问题也始终得不到解决且在恶化。

（四）基础设施不完善

一是交通不便，出行困难。城里通往村子的路是公路，但是村子里面却是坑坑洼洼的泥土路或者是简单铺了一层石子的路。

二是休闲娱乐设施缺失。没有健身器材等相关设施，村里老人相关娱乐活动很少。

三是教育设施缺乏。村中没有设立幼儿园，村子里的孩子每天都要在村子和城里之间往返，安全成本和时间成本大大增加。

四是医疗问题，健康问题得不到保障。卫生室形同虚设，村民均表示根本见不到医生几面，生病了几乎都要到城里看病。

（五）老龄化问题严重

村中要么是中老年人，要么是小孩，劳动力严重缺失。调研中多位采访者表示，孩子在外求学务工并不愿意回家乡种苹果，自家果园想承包出去但没人承包，孩子们也不愿意种。同时这种单一的家庭结构对于孩子和老人来说都会造成心理上的空虚，老人得不到照顾、孩子缺乏陪伴，人文关怀问题没有得到重视。

（六）产业发展滞后

一是种植苹果还是主要靠人工，像套袋、剪枝、采摘都是雇人来干，成本较高。二是苹果产业的销售方式还是卖给经销商的传统方式，几乎没有采用线上销售方式的，单价较低。三是苹果产业未与其他产业有效融合，像旅游产业还没有发展起来。四是"虹吸效应"问题。宜川县的现代农业园区位于丹州镇，它具有现代化的基础设施建设和加工方式，然而似乎并没有起到促进附近村子产业发展的效果，反而使村里紧缺的优质劳动力进一步流失，并且占领了巨大的市场，使得村里的产业状况进一步加剧恶化。

（七）产业资金周转率低

村子的苹果种植大多数都是以家庭为单位经营的，资金大多数是将该年的售出收入又投入到新的生产当中，对于个体经营户来说有较大的风险，如果因为不可控风险导致资金链断裂，那么将会对农户造成很大的长时间的影响甚至可能导致长期的负债，难以保障生产的顺利进行。

（八）社会问题

一是教育水平较低，留守儿童较多但是教育条件和教育能力都跟不上。

二是社会治安没有足够的保证，安全问题存在隐患。尤其在留守老人和留守儿童较多的情况下，社会治安保障问题需要重视安全隐患，村子的消防用电老化，加上村子对于这些问题的重视度不高，消防保障措施不到位，很多线路老化、不规范用火用电的问题都会造成人员的伤亡和财产的损失。

三是村子整体的文化水平较低。村民对于这些社会问题不够重视并且没有足够的能力进行防范，村委会又很少关注，急需解决。

（九）农产品销售渠道单一

对于苹果的销售还停留在原来的就近货运市场出售，没有创新和改善，而且由于信息差所导致的价格差异问题会导致种植者处于产业链中最不利的位置，传统的销售渠道存在问题但是新的销售渠道又没有建立起来，依靠传统的销售方式只会使情况恶化。

三、宜川县发展对策建议

（一）从果农角度出发

一是学习、推广科学的苹果栽培管理技术。加快新技术、新品种推广和老园改造，完善防灾减灾体系，搭建防雹网，促进果业标准化生产，增加优质绿色果品供给。

宜川苹果所面临的威胁也可以利用一些新技术来避免。同时，还可以研发自动为苹果套袋的机器，可以由村民共有，轮流使用，这样不仅降低了成本，还解放了更多的生产力。

二是多种果业交织，形成特色果业生态园。可以开发更多可种植的水果，如水蜜桃、樱桃等。政府教授果农各种水果的种植方法，将各种水果分区域种植，不同区域的农民负责一种或多种水果，这样一方面来可以减少果农之间的竞争，为原有市场腾出空间，另一方面，当自然灾害再次发生时，对果农的影响就能相应减少一些，同时不同水果的种植，能够保证果农在各个时间段都有经济收入。

三是推广合作社形式。可以在各村中推广合作社形式，采取"生产统一管理、物资统一调运、技术统一服务、销售统一包销"的管理模式。以合作社的形式对外签订合同卖苹果，抱团销售总量大，可以提升苹果销售价格。合作社也可以及时研究、分析市场形势，通过多方调研市场行情，准确预测价格趋势，做出恰当的决策以保障村民收入。

（二）从企业角度出发

一是制造农副产品，延长产业链。可以考虑由政府牵头出资，建设相关工厂，将多余的苹果制成水果罐头、果干、果汁等产品。一方面可以解决饱和期苹果过剩问题，降低潜在的损失，另一方面可以延长产业链，相关的宜川苹果副产品可以帮助宜川苹果进一步扩大知名度，形成品牌效应。同时，工厂的工人可以就近招收村里的村民，为当地留住劳动力，避免人才的流失，果农在农闲时期也可以多一份收入，帮助村民增加收入。

二是打造"公司+合作社+互联网+农特产加工销售"的产业链。可以把苹果种植和网络宣传营销相结合，进行线上销售和直播带货，选出专门的人才进行专业的培训，通过网络直销和吸引网络流量的方式开展电商销售，与网上平台建立长期稳定合作关系。同时，根据电商平台需求，每年以高于市场的价格与果农签订苹果销售订单，进行定向收购、定向销售。

（三）从政府角度出发

一是政府帮扶村民，实现真正脱贫。政府应该从多方面出发给予村民适当的补贴，同时也要在技术上多多帮扶村民，帮助他们实现真正的脱贫。

二是继续加强基础设施建设。为广大农村居民生活提供服务的生活性基础设施：农村电网、垃圾处理厂、污水处理设施、人畜饮水设施、供热燃气设施等。为农村增加物质资本、提高生产力服务的生产性基础设施：防洪涝设备、水利灌溉、田间道路、气象设施、农业机械设备等为农业生产服务的设施或设备。增加用于提高农民素质、丰富农民生活的人文基础设施则：教育、医疗、文化娱乐等设施。改善流通性基础设施：乡村道路、农村通信、用于农产品销售以及农村生产资料购买的流通辅助设施。

（四）加强宜川苹果品牌建设

宜川苹果的品牌宣传效果并不理想，虽然苹果品质高，价值却因知名度受限。因此，政府可以加强宜川苹果品牌宣传，积极开展果品营销。

一是加大主销市场的宣传推介力度。在销售前期由政府牵头，企业参与，在宜川苹果主销城市开展直接面对消费者的宣传推介活动。

二是积极参加各类农业特色产品展览展销会议，对宜川苹果品牌进行有效的宣传推介，不断拓展营销网络。

三是举办宜川苹果节，邀请全国各地的企业、专家、媒体到宜川当面交流、实地考察，展示宜川苹果产业的特点，进行品牌宣传。

作　者　西北大学经济管理学院本科生　赵向阳　李婧菲　尚　婧　范程圆　池赋炜
　　　　　　　　　　　　　　　　　薛淏元　梁怡鑫　李佳桐　赵霖娜　齐盼悦
　　　　　　　　　　　　　　　　　姚一心　党敏琦　艾真真　赵玮杰　刘嘉宁
　　　　　　　　　　　　　　　　　黄丽蓓　何欣颖　池文静　卢玉帆　周雅婷
　　　　　　　　　　　　　　　　　刘广淇　罗志萍　王思佳

指导教师　陈怡欣

永远跟党走　青年乡村行

后　记

习近平总书记在党的二十大报告中殷切希望:"广大青年要坚定不移听党话、跟党走,怀抱梦想又脚踏实地,敢想敢为又善作善成,立志做有理想、敢担当、能吃苦、肯奋斗的新时代好青年,让青春在全面建设社会主义现代化国家的火热实践中绽放绚丽之花。"

为引领广大青年学生在社会课堂中受教育、长才干、作贡献,在实践观察中学党史、强信念、跟党走,努力成长为担当民族复兴大任的时代新人,经济管理学院在学校各级部门的指导和支持下,于2021年6月开始实施"百企千村万户"实践育人项目,依托"三下乡"社会实践、"返家乡"社会实践以及"教学实践周"等活动,号召和组织广大青年学生在社会实践中把爱国情、强国志、报国行自觉融入新时代追梦征程,为实现中华民族伟大复兴的中国梦汇聚起磅礴的青春力量。

按照规划,"百企千村万户"实践育人项目在"十四五"期间要完成不少于100家企业、1000个村、10000户家庭的调研任务。项目坚持服务国家战略,围绕乡村振兴和社会治理,聚焦人才培养、思政教育和学科建设,构建"以一个主题、三个结合、三个服务"的实践育人体系。三年来,共派出实践队153支,学生1350余人,指导教师125人,地域覆盖全国27个省112个区县375个村150余家企业,形成了调研报告140份200余万字,受到各级媒体报道580余次,荣获全国优秀团队2次,全省标兵团队2次,全省优秀团队1次。

为了总结调研成果,发挥学科和专业优势,将每年的实践形成的调研报告、论文和案例择优集结出版。在出版过程中,本书受到西北大学"双一流"建设项目资助,感谢西北大学发展规划与学科建设处给予的大力支持。感谢西北大学教务处、校团委、财务资产部等各部门的精心指导和大力支持。感谢调研过程中的

后记

各级政府部门、企事业单位和团体个人给予的大力帮助。也感谢学院各位指导老师和同学们的积极参与,让本项目能够顺利开展,并取得丰硕成果。

在项目实施和出版过程中,西北大学党委常委、副校长吴振磊教授、经济管理学院党委书记杜勇和经济管理学院院长马莉莉教授总领统筹,亲自安排部署并带队指导。经济管理学院党委副书记徐自成和团委副书记杨世攀负责具体落实及书稿校对等工作。学院部分教授和青年老师在历次实践中积极参与,认真指导,为项目的成功实施提供了保障。在此一并感谢!

在书稿付梓之际,深感实施此项目的意义之重大,众多青年学子在躬身实践中砥砺品格、体察社情、增长才干;同时也助力学院学科建设和人才培养高质量发展,提升办学声誉和服务经济社会发展能力,形成了一批有影响力的成果。希望本书的出版可以记录下西北大学经济管理学院牢记"立德树人"根本任务,在人才培养过程中扎扎实实把课堂学习和社会实践紧密结合,着力推动新时代高质量经济学和管理学人才培养的探索和实践,用富有成效的改革为建设中国特色社会主义教育强国作出贡献!